OS ORIXÁS
E OS CICLOS DA VIDA

CB033451

Norberto Peixoto

OS ORIXÁS
E OS CICLOS DA VIDA

LEGIÃO
PUBLICAÇÕES

6ª edição / Porto Alegre-RS / 2024

Capa e projeto gráfico: Marco Cena
Revisão: Sandro Andretta
Coordenação editorial: Maitê Cena
Produção editorial: Bruna Dali e Maiara Morbene
Assessoramento gráfico: André Luis Alt

Dados Internacionais de Catalogação na Publicação (CIP)

P379o   Peixoto, Norberto
         Os orixás e os ciclos da vida. / Norberto Peixoto. 6.ed. – Porto Alegre: BesouroBox, 2024.
         184 p.; 16 x 23 cm

         ISBN: 978-85-5527-037-6

         1. Religião. 2. Umbanda - origens. 3. Umbanda – filosofia. I. Título.

         CDU 299.6

Bibliotecária responsável Kátia Rosi Possobon CRB10/1782

Direitos de Publicação: © 2024 Edições BesouroBox Ltda.
Copyright © Norberto Peixoto, 2024.

Todos os direitos desta edição reservados à
Edições BesouroBox Ltda.
Rua Brito Peixoto, 224 - CEP: 91030-400
Passo D'Areia - Porto Alegre - RS
Fone: (51) 3337.5620
www.besourobox.com.br

Impresso no Brasil
Março de 2024.

SUMÁRIO

A mitologia dos Orixás 7

Como se tornar um ser humano melhor 9

Introdução 13

Capítulo 1: A criação dos Orixás por Olodumaré 21

Capítulo 2: O resgate da sabedoria dos antigos 25
    A ética no corpo literário de Ifá

Capítulo 3: Quem é o espírito Ramaogundá 37
    Um "olhador" do lado de lá – o processo de divinação

Capítulo 4: A mitologia dos
    Orixás – o significado das lendas 55

Capítulo 5: O início – o plano de vida na matéria – Aiyê 62
    Exu é o executor do destino, o mediador que dá impulso à humanização / Oxalá julga quem vai renascer, e como / Omulu e o "carrego" de vidas passadas, doenças e enfermidades retificativas

Capítulo 6: Primeiro ciclo – o retorno ao corpo físico 93
Oxum e o recebimento da cabaça da existência, concepção e gestação / Iemanjá e o rompimento da placenta, nascimento com a grande mãe do Ori / Ibeji e a criança "dupla" em ação, os primeiros impulsos atávicos

Capítulo 7: Segundo ciclo – a vitalidade da juventude 108
Oxossi é o "caçador" do provimento, a busca da independência / Ogum é o senhor dos caminhos, a vontade de realização / Xangô é o raio que amolece a pedra, o "fogo" da batalha pelas conquistas

Capítulo 8: Terceiro ciclo – estabilidade com sabedoria 125
Oxalá é a maturidade, o "mundo" íntimo psíquico construído / Oxalufã e a decrepitude orgânica, o "peso" do mundo e a chegada da morte / As flores de Obaluaê, o Senhor da Terra, o retorno à origem

Capítulo 9: O fim dos ciclos é um recomeço 148
Obatalá decidiu que os homens morrerão / Iansã recolhe o último sopro, o encaminhamento do espírito (egum) / Nanã, a mãe das mães, o acolhimento do desencarnado em seus "braços" e a travessia final

Capítulo 10: E o Criador nos deu a natureza 164
Ossaim, Senhor e Mago das Plantas e Folhas, distribui seus saberes e poderes

Conclusão 175

Referências Bibliográficas 179

A MITOLOGIA DOS ORIXÁS

PERGUNTA: Muitos espiritualistas universalistas e "umbandistas" acreditam que é um atraso ainda se ensinar os Orixás como sendo seres divinos humanizados (mitos), alegando que os espíritos superiores não têm mais tempo a perder. O que tendes a dizer?

RAMATÍS: É possível conceber Jesus sem tempo a perder? Ele que atendia a todos que o procuravam, saciando a fome e sede espirituais? O Mestre que só pregou o sublime evangelho por três anos?

Reflitamos que se o Criador fez tudo diferente um do outro, depende do aspecto (atributo) que se está comparando, e nunca devemos impor igualdades ou desejar que o outro seja semelhante com as nossas concepções religiosas espiritualistas. Como todos os aspectos evolutivos existentes no Cosmo pertencem ao Criador e ninguém mais no Universo incomensurável os possui em sua totalidade, resta-nos, a todos os demais seres viventes no Universo sem fim, inexoravelmente, nos igualarmos como seres em eterna evolução. Não é verdade?

Por mais discernimento espiritual que alcancemos, atributos divinos e mentais que angariemos, nunca seremos iguais ao Criador. Assim como milhões e milhões de grãos de areia no deserto, somos todos espíritos iguais na desigualdade em relação a Ele, a Absoluta Perfeição. Logo, deixemos de lado os dispensáveis sensos de superioridades e tenhamos humildade por sermos igualmente imperfeitos uns em relação aos outros e, inexoravelmente, quanto a Deus.

(Excerto do livro Reza Forte, psicografia de Norberto Peixoto, Legião Publicações.)

COMO SE TORNAR UM SER HUMANO MELHOR

Você pode falar perfeitamente o iorubá e saber todos os acentos ao escrevê-lo também, mas se você não sabe como falar com bondade e amor ao seu irmão ou irmã, então, você não aprendeu nada.

Você pode memorizar cada reza e cada "signo" Odu do Corpus Literário de Ifá e saber como lançar uma adivinhação perfeita, mas se você não sabe como tratar as pessoas e como superar suas formas destrutivas e negativas, você ainda é um novato no reino espiritual.

Você pode conhecer cada dança e todas as músicas, além de todos os protocolos de sua linhagem iniciática, mas se você não pode andar por um caminho de paz e de alegria interior... isso, então, é apenas uma outra canção e uma outra dança.

Você pode conhecer todos os rituais, cerimônias e como fazer milhares de obras e trabalhos espirituais, mas se você não pode viver o ritual da vida e viver as virtudes do Orixá, do Ancestral e de seu Ori, então, você é um mero técnico, e certamente não é um mestre espiritual.

Você pode ter alguns títulos, os mais impressionantes, um terreiro, templo ou casa de culto para dez mil pessoas, mas se você sentir a necessidade de desagradar, controlar, manipular os outros ou ofendê-los enquanto eles estiverem em uma posição inferior, você será apenas mais um ego de criança impulsionando e tentando tirar proveito às custas dos outros.

Você pode estar no culto tradicional toda a sua vida, mas se achar que isso faz você melhor ou mais avançado do que alguém espiritualmente, então, você é um tolo, pois não poderá reconhecer que nosso Ori é o nosso primeiro professor... e tem ele ensinado a cada um desde o nascimento.

Você pode ser velho de anos, mas se ainda viver a vida como uma criança temperamental de 10 ou 15 anos, ainda terá que caminhar muito até chegar ao sacerdócio.

Fale-me de Exu quando você for capaz de fazer escolhas capacitadas e falar a verdade em palavras e atos.

Fale-me de Ogum quando você for capaz de romper suas próprias ilusões, enfrentar seus medos, seus fracassos e corajosamente evoluir para manifestar o melhor de si.

Fale-me de Oxum quando você for capaz de criar harmonia, alegria e abundância em sua própria vida sem egoísmo.

Fale-me de Oxalá quando você for capaz de semear a paz mais pura e manter uma mente tranquila.

Fale-me de Iansã quando você for capaz de estar no olho do furacão da vida e fluir facilmente quando os ventos da mudança estiverem sobre você.

Fale-me de Iemanjá quando você for capaz de equilibrar suas emoções e empatia com os outros.

Fale-me de Orunmilá quando você for capaz de ver o mundo através do olho da sabedoria e equilibrar o julgamento com compaixão e não a duras críticas e outras inadequações.

Fale-me de Xangô quando você puder transcender o seu ego e servir aos outros com compaixão.

Fale-me de Obá quando você for capaz de honrar as mulheres em sua vida, tratá-las bem e abraçar o lado feminino de sua própria alma.

Fale-me de Ibeji quando você for capaz de conhecer e distribuir o amor universal e viver a vida com a inocência das crianças.

Fale-me de Oxossi quando você for capaz de repartir o alimento com o estrangeiro.

Fale-me de Obaluaiê quando você for capaz de identificar e cuidar das doenças do corpo e da alma de um semelhante.

Fale-me de Olorum quando você tiver a certeza de que a Fonte existe e nos alimenta, que estamos interligados e que ninguém conseguirá cumprir seu destino sozinho.

Fale-me de caráter quando você puder realmente tratar os outros como gostaria de ser tratado, porque você percebe... não há separação entre você e eu, exceto o que está em nossas próprias mentes.

Se você ainda não se considera capaz de aceitar este ensinamento, você deve retornar ao útero e tentar tudo novamente.

Eu sou Tradição.

INTRODUÇÃO

A intenção de *Os Orixás e os ciclos da vida* é dividir interpretações referentes às nossas vidas humanas, correlacionadas com os Orixás. O mediunismo no terreiro de Umbanda atende milhares de pessoas diariamente, a que chamamos de consulentes. Durante os aconselhamentos espirituais, uma rica filosofia espiritual está amalgamada com as orientações das entidades, muitas vezes velada, como a sabedoria dos antigos escravos nagôs, nossos amados pretos velhos afrodescendentes, que a introduziram para somar-se ao evangelho do Cristo. Nesta obra, procuramos tornar esses ensinamentos ocultos declarados, desvelando alguns saberes que se relacionam com a mitologia dos Orixás e, consequentemente, com a existência humana, e que tanto nos ajudam.

Aos que têm preconceito quanto à origem africana da Umbanda (também temos a origem indígena, espírita e católica, variando de terreiro a terreiro a ênfase em uma ou outra), lembramos as palavras do Caboclo das Sete Encruzilhadas: "vim para fundar a Umbanda no Brasil, aqui se inicia um novo culto em que os espíritos de pretos velhos africanos e os índios nativos de nossa terra poderão trabalhar em benefício dos seus irmãos encarnados, qualquer que seja a cor, raça, credo ou posição social". Obviamente que a maioria dessas entidades africanas era originária da parte da África que cultuava os Orixás, tanto que o caboclo anunciou a Umbanda e já se utilizou dos nomes dos Orixás que comporiam as Sete Linhas iniciais de trabalho.

Aos que classificam de atrasado o saber mitológico dos Orixás, repetimos novamente as palavras do caboclo: "se julgam atrasados os espíritos de pretos e índios, devo dizer que amanhã estarei na casa deste aparelho para dar início a um culto em que esses pretos e índios poderão dar sua mensagem e, assim, cumprir a missão que o plano espiritual lhes confiou. Será uma religião que falará aos humildes, simbolizando a igualdade que deve existir entre todos os irmãos, encarnados e desencarnados. E se querem saber meu nome, que seja este: Caboclo das Sete Encruzilhadas, porque não haverá caminhos fechados para mim".

Notadamente estes espíritos, de pretos velhos africanos, foram babalaôs, Pais de Segredo, altos sacerdotes nagôs, que não encontravam "espaço" no mediunismo vigente à época para trabalharem seus saberes, pois muitos conhecimentos já se haviam distorcido e perdido a ética moral africana original, dada a necessidade de sobrevivência dos negros, que acabaram vendendo-se e aos seus saberes "mágicos" para não sucumbirem de fome. Falaremos melhor sobre o saber dos babalaôs no próximo capítulo.

Assim ainda disse o caboclo: "aqui se inicia um novo culto (Umbanda) em que os espíritos de pretos velhos africanos, que haviam sido escravos e que desencarnaram, não encontram campo de ação nos remanescentes das seitas já deturpadas e dirigidas quase que exclusivamente para os trabalhos de feitiçaria, e os índios nativos da nossa terra poderão trabalhar em benefício dos seus irmãos encarnados, qualquer que seja a cor, raça, credo ou posição social. A prática da caridade, no sentido do amor fraterno, será a característica principal deste culto...".

Sentimos muito a vontade de resgatar esses saberes ancestrais. Estamos agindo em conformidade a nossa própria origem espiritual, a qual detalhamos melhor no capítulo que fala do Senhor Ogum Sete Estradas, entidade orientadora desta obra.

É necessário desenvolver alguns conceitos iniciais que serão importantes para o entendimento de nossa abordagem.

Para os antigos pretos velhos africanos nagôs, o mundo natural e o mundo sobrenatural possuem uma profunda e estreita ligação. São considerados complementares entre si, como se fossem duas metades de uma mesma cabaça, que coexistem como dois grandes planos: Aiyê ou Mundo Natural e Orum ou Mundo Sobrenatural.

Os Orixás foram criados pelo Ser Supremo, Olurum ou Olodumaré, para ajudar a humanidade e minimizar-lhe os sofrimentos, ensinando o homem a ter bom caráter.

E o que são os Orixás?

Etimologicamente, a palavra Orixá significa "a divindade que habita a cabeça" – *Ori* é cabeça, *xá* é rei. O termo Orixá faz parte da cosmogonia nagô iorubana, uma das diversas etnias africanas trazidas para o Brasil. Nos antigos Vedas já aparece o termo Purushá, como essência associada à cosmogonia universal. Nos textos sagrados do hinduísmo – *Upanishads* – é o Ser Supremo, o eterno, e contempla nosso próprio ser, de que é profundo conhecedor, a testemunha, a consciência pura, isolada dos sentidos em suas relações com a matéria. No esoterismo de Umbanda faz-se a associação de Orixá como uma corruptela de Purushá, significando "Luz do Senhor" ou "Mensageiro do Senhor", tendo relação com a cabeça – Ori – de cada um de nós, pois nossa centelha ou mônada espiritual é igualmente chispa de luz do Criador Universal.

Todos nós somos influenciados pelas vibrações dos Orixás.

Nosso Ori – cabeça – é o responsável pela consciência, pelos sentidos e pela expressão da inteligência, que estruturam os processos contínuos de construção dos pensamentos e cognição mais profunda, aquisição de conhecimento, incluindo estados mentais de reflexão, atenção, raciocínio, memória, juízo, imaginação, pensamento, discurso, percepção visual e audível, aprendizagem e, por fim, emoções.

Ocorre que nosso Ori – numa linguagem mais esotérica, o núcleo intrínseco do espírito, centelha ou mônada espiritual – é constituído de uma parcela de substância ancestral cósmica que varia de indivíduo para indivíduo, a Essência Divina que, individualizada e desprendida de sua origem Sagrada, habita cada um de nós. Este princípio primevo é, podemos assim entender, o núcleo duro e imutável do espírito. É Deus manifestado no homem, e daí a revelação de Sri Krishna contida no *Bhagavad Gita*: "Eu estou em você, mas você não está em Mim...", ou ainda quando Jesus afirmou: "vós sois deuses".

Sendo divino, Ori é imortal e depende de quais raios divinos – Orixás – "tocaram-no" quando de sua criação por Deus. Nos primeiros contatos com a forma nos mundos rarefeitos, a chispa divina, centelha ou mônada espiritual, enfim, nosso Ori foi bafejado pela influência do raio de ação de certos Orixás, que se sobressaíram em relação aos demais. No descenso vibratório para os mundos inferiores, até termos um perispírito no Plano Astral, a matéria primeva do Ori foi sendo preenchida em sua periferia, formando os corpos mediadores, para que conseguíssemos sobreviver na dimensão física como encarnados. A cada nova encarnação, nosso Ori sofre influência do efeito de retorno de nossas ações pretéritas, o que repercute nesses corpos mediadores e, consequentemente, na regência dos Orixás – Eledá – a cada renascimento em um corpo humano. Por isso cultuamos Ori na Umbanda, pois é nossa Divindade Interna, nosso Eu mais profundo e Sagrado.

Podemos afirmar que os Orixás são aspectos vibracionais diferenciados da Divindade Maior – Deus. Assim o são porque cada um dos Orixás tem peculiaridades e correspondências próprias ao se rebaixarem e se fazerem "materializados" na Terra: cor, som, mineral, planeta regente, elemento, signo zodiacal, essências, ervas, entre outras afinidades astromagnéticas. Em verdade, em sua essência primeva são altas irradiações cósmicas indiferenciadas, antes do rebaixamento vibratório até o plano em que vive a humanidade, propiciando a expressão da vida em todo o planeta.

Assim como é em cima, assim é embaixo. O ser humano é um microcosmo reflexo do macrocosmo. Não por acaso, o organismo físico em funcionamento contém todos os elementos planetários: ar, terra, fogo e água. Todos nós temos, a cada encarnação, a influência mais intensa de um determinado Orixá, que podemos chamar de "Pai de Cabeça". Esta força cósmica, que é regente de frente, é conhecida como Eledá, que é a responsável por nossas características físicas e psicológicas, de modo que reflitamos os arquétipos ou características comportamentais peculiares ao Orixá que nos rege. Os demais Orixás que nos influenciam são conhecidos como Adjuntós ou Juntós e têm especificidades conforme a ordem de influência, da maior para a menor, em segunda, terceira, quarta e quinta instância, ou atrás e nas laterais da cabeça, compondo o que denominamos na Umbanda de coroa mediúnica do médium.

Atuam ainda, na coroa do médium de Umbanda, os espíritos Guias e as Entidades que têm compromisso com a tarefa mediúnica, abraçados no Plano Astral antes da reencarnação do médium. Os espíritos na Umbanda trabalham enfeixados vibratoriamente por linha vibratória, e cada linha é organizada por Orixá, tema que aprofundaremos no próximo capítulo.

Na Umbanda, de uma maneira geral, não consideramos os Orixás como espíritos individualizados em evolução, embora nossas irmãs das religiões afro-brasileiras os entendam, majoritariamente, como ancestrais divinizados, ou seja, espíritos que já encarnaram no passado e foram heróis em suas comunidades e nações, incorporando-os numa linha de ancestralidade remota. Na concepção teológica rito-litúrgica que predomina na Umbanda, os Orixás são energias criativas divinas de alta voltagem sideral, impossíveis de serem expressas e incorporadas pelo mediunismo de terreiro. Quem se manifesta pela mecânica de incorporação são os espíritos falangeiros dos Orixás, que trabalham agrupados por linha, que, por sua vez, estão agrupadas pela irradiação de cada Orixá.

Por outro lado, é possível entrar em transe ritual, anímico, que caracteriza os estados alterados e superiores de consciência em que se manifestam os Orixás, o que é um processo diferente da mecânica tradicional de incorporação.

Ocorre que, de regra, o transe na Umbanda é mediúnico e acontece para que haja a comunicação oral dos espíritos manifestantes com os consulentes. É a tradicional incorporação, em que o corpo astral da entidade comunicante interpenetra o corpo astral do médium. Obviamente, a intensidade desse mecanismo varia de médium para médium, em conformidade a sua sensibilidade; da irradiação intuitiva à semiconsciência, situação em que o medianeiro se lembra vagamente do que falou nas consultas.

Os cultos ritualísticos que manifestam os Orixás se dão preponderantemente por um processo arquetípico anímico de transe, que flui do inconsciente do sensitivo, sem incorporação por uma entidade externa (acontece de dentro para fora). Os Orixás, de regra, não falam e se manifestam nas danças, e a partir do transe ritualístico se "humanizam", expressando-se no corpo de quem os "recebe". O gestual simbólico que realizam revive o mito antigo e harmoniza o ambiente e o inconsciente coletivo dos circunstantes, que se ligam reciprocamente por laços de afinidade espiritual, no mais das vezes fruto de encarnações passadas em clãs religiosos africanos, e aí rememoram a mitologia ancestral pelos movimentos, vestes, sons, cores e gestos das manifestações – estados alterados e superiores de consciência.

Os centros umbandistas ligados a uma ancestralidade africana mais acentuada podem, concomitantemente com os espíritos falangeiros, praticar em seus ritos internos os toques, cantos e louvações litúrgicas para os Orixás, acomodando-se pacificamente o transe anímico ao mediúnico, eis que os mentores da Umbanda do lado de cá convivem harmoniosamente com a diversidade. Em verdade, são "infinitas" as possibilidades de interpolações rituais, dada a liberdade que todo sacerdote umbandista, juntamente com seus Guias Astrais, tem de elaboração litúrgica. Esta "elasticidade" de opções fortalece a Umbanda sem descaracterizar seu corpo normativo central, ditado pelo Caboclo das Sete Encruzilhadas, permitindo que cada terreiro tenha uma "identidade" própria, contudo, todos sendo Umbanda. Isso contraria o que preconizam muitos cidadãos afeitos às purezas doutrinárias e cartilhas prontas, temerosos do desconhecido e de "novidades", acomodados que estão no tédio do já sabido. Os transes rituais induzidos na Umbanda resgatam estes arquétipos dos Orixás e funcionam como potentes catalizadores para a manutenção da saúde e também da cura e autocura umbandista.

No dia a dia dos terreiros, não é incomum nos referirmos aos enviados dos Orixás como sendo o próprio Orixá. Então, um Caboclo de Ogum, Oxossi ou Xangô é chamado, respectivamente, de Ogum, Oxossi ou Xangô.

Os Orixás cultuados no Grupo de Umbanda Triângulo da Fraternidade, do qual o autor é dirigente e fundador, que são abordados nesta obra e abrigam os espíritos ancestrais que se "acomodam" em linhas de trabalho, são os seguintes: Oxalá, Iemanjá, Xangô, Ogum, Iansã, Oxum, Oxossi, Nanã e Omulu. Esses Orixás formam a Coroa de Irradiação do Terreiro, disposta na forma de assentamentos vibratórios dentro do Espaço Sagrado, visíveis a todos e democratizados para o uso comum de toda a comunidade. Teremos ainda Obá e Ossanha analisados.

Existem também os Orixás individuais de cada médium, que compõem a coroa mediúnica pessoal, isto é, o Eledá e os Adjuntós. Podemos dizer que, associados ao Ori – cabeça – de cada medianeiro, se aglutinam os Guias e os Guardiões espirituais, espíritos que são consciências, que têm inteligência e compromisso de trabalho com o médium, que se farão manifestar por meio da mecânica de incorporação, irradiação intuitiva, inspiração, vidência, audiência e demais "dons" mediúnicos, nas tarefas caritativas que foram previamente combinadas no Plano Astral antes do reencarne do médium.

No Grupo de Umbanda Triângulo da Fraternidade, o "diagnóstico" e o "levantamento" da coroa mediúnica individual são realizados com a prática mediúnica no terreiro associada ao Jogo de Búzios – Merindilogun. Para tanto, são necessários, em média, para efetivar a bom termo esta "leitura", de 5 a 7 anos de pertença legitimada pela vivência interna templária, participando ativamente dos ritos estabelecidos em conformidade ao calendário litúrgico da comunidade religiosa.

Enfim, esperamos que este livro sirva para que compreendamos melhor uma riquíssima e benfazeja filosofia de vida dos antigos Pais de Segredo – babalaôs, exímios "magos" e psicólogos, que educavam as comunidades para terem uma vida longa, equilibrada e em harmonia com a fonte universal provedora, luz irradiante de amor, abundância e prosperidade. Que possamos nos conhecer um pouco mais entendendo os Orixás que se associam a nós como condutores dos ciclos das existências humanas. Que possamos ter um destino mais alvissareiro, com caminhos abertos para a bem-aventurança e corpo fechado para as enfermidades. Cabe somente a nós, a chave está em nossas mãos.

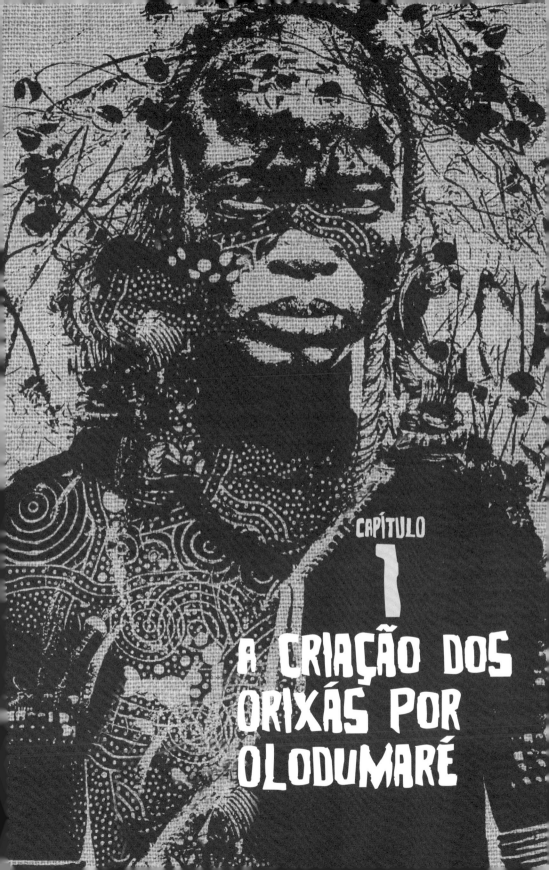

A etimologia da palavra Olodumaré nos remete a profundos significados: *Olo* é expansão e poder, *Dun* é tempo e longevidade, *Ma* é a criação do Universo e *Re,* a estabilidade da força de realização cósmica, imponderável, imanifesta e indescritível à inteligência humana.

Na interpretação mais profunda do nome Olodumaré, podemos afirmar que significa "Eu sou aquele que é", o ser criador em sua manifestação plena com a criação, o próprio Universo. É a transcendência que, em essência, é o hálito de Deus, a dinâmica da gênese divina.

Para compreendermos melhor o dinamismo causal de nossa relação com Deus, temos que refletir que todas as coisas foram criadas por Ele, partindo d'Ele mesmo, sem o que não existiríamos, não teríamos vida individualizada, seríamos todos como uma mesma água dos oceanos, só que sem peixes. Olodumaré é o "olho que tudo vê", tudo sabe, é o controlador e organizador supremo de nossos destinos, pois as Leis Cósmicas às quais estamos imersos são suas criações.

O processo criativo divino se realiza em espiral, numa ascensão espiritual contínua e infinita, desde a matéria inanimada mais densa até a consciência de seres inimagináveis, muito além da rasteira compreensão dos homens e de suas diferenças de raça, socioeconômicas e de gênero. Por trás de tudo que é visível, em todos os planos ou dimensões de vida, há algo invisível, oculto, que dirige e anima o Cosmos, fazendo com que haja ordem e não caos.

Obviamente, é natural que não possamos compreender Olodumaré, na medida em que ele é indefinível, infinito, onisciente, incognoscível, imanente, onipotente. Assim, para que possamos percebê-Lo, pois em verdade Ele está em nós, e nós estamos Nele, e para que possamos conhecê-Lo e a seus atributos, percebendo sua existência através de suas manifestações no Universo e, especialmente, na existência humana, Olodumaré criou os Orixás num êxtase dele mesmo; primeiro Oxalá, que já existia Nele por todo o sempre, depois Exu, e a partir deste impulso volitivo divino, todos os demais Orixás.

Diante do maravilhoso espetáculo da criação, a razão humana é incapaz de compreender os desígnios da criação divina e os motivos da vida no ciclo planetário terreno. Os Orixás são como pedaços de um grande vidro que se partiu, sendo que cada um reflete os atributos do próprio homem, por isso são humanizados, para que Deus se aproxime de nós, se fazendo unidade em nosso entendimento.

No início dos tempos, em conformidade à mitologia, havia a convivência pacífica entre os Orixás e os seres humanos. Não havia limites ou separações entre o Aiyê (Terra) e o Orum (Plano Espiritual). Os mundos natural e sobrenatural, físico e metafísico, existiam em duplicidade, mas eram como se fossem um só, harmoniosamente se comunicando. Então houve uma quizila, uma quebra de diretriz, os homens não seguiram o que estava acordado, surgindo uma "cisma" entre o Orum e o Aiyê. Assim, levantou-se uma barreira e o privilégio de intercâmbio, a todos concedidos, foi retirado. O diálogo, antes direto, passou a ser através de médiuns e diferentes artes oraculares.

Quando cultuamos os Orixás nas engiras de Umbanda, públicas ou internas, louvando essas forças divinas, novamente o Orum se une ao Aiyê. Na manifestação mediúnica dos falangeiros por Orixás, através dos métodos rituais indutores dos estados alterados e superiores de consciência, vivenciamos o transe e a reunificação com o Criador. Somos bafejados com orientação, consolo e aconselhamentos, minimizando os sofrimentos que ainda colhemos na vivência dos ciclos humanos imersos em corpos físicos densos, transitórios e perecíveis. E nessas reuniões num mesmo espaço sagrado, em que revivemos a unificação com o Criador, uma plêiade de espíritos, encarnados e desencarnados, encontra novamente o prumo da evolução, reintegrando-se aos ditames éticos e morais cósmicos.

Cada Orixá expressa seus atributos, o poder benevolente de Olodumaré, agindo como intermediário das associações desta autoridade com os seres humanos, para sermos auxiliados em nossa reintegração cósmica, para que os ciclos de vida hominal sejam mais felizes, para que consigamos mais satisfatoriamente executar nossos destinos reencarnados, que podem ser alterados a qualquer momento, dentro das Leis Universais de causa e efeito, de progresso e de melhoramento contínuo de nosso caráter.

CAPÍTULO 2
O RESGATE DA SABEDORIA DOS ANTIGOS

Os sacerdotes do oráculo de Ifá – falaremos de Ifá no próximo capítulo – são os chamados babalaôs, que significa Pais de Segredo. O exercício da atividade oracular desempenhado por eles requeria que se decorasse toda uma portentosa mitologia, que sustentava a transmissão oral deste saber, organizada em 16 capítulos principais, ditos signos ou destinos, conhecidos como Odus, por sua vez, subdivididos cada um em 16 partes. Ocorre que a escrita não fazia parte da cultura iorubana. As histórias e os provérbios, com suas rezas e receituários do herbanário, compondo um vasto e rico mosaico educativo, curador e religioso, identificavam as soluções e remédios mágicos para todos os problemas e doenças que afligiam as comunidades. É na "localização" deste saber memorizado, baseado no passado mítico, por sua vez repleto de enredos narrativos construídos pelos babalaôs mais velhos, ao longo de uma extensa linhagem iniciática de transmissão oral, que se dá resolução dos problemas trazidos pelos consulentes.

Cada capítulo principal dos 16 se relaciona com um ou mais Orixás que se destacam. Para cada Orixá existem correspondências vibratórias na forma de rezas e cânticos, nos elementos da natureza, nas pedras, nas folhas, nas flores. Os Pais de Segredo deveriam dominar profundamente essas associações. Os ritos de iniciação para novos babalaôs eram muito rígidos, eletivos no aspecto de procedência moral do pretendente e de sua família, disciplinadores e requeriam dedicação exclusiva por anos a fio. Os mais "abastados" das comunidades mandavam seus filhos para a "maçonaria" dos babalaôs, uma ordem de iniciação em que os jovens ficavam reclusos, estudando e aprendendo, desde tenra idade. Não era incomum meninos de 8 a 12 anos serem entregues pelos pais, depois de escolhidos pelos próprios babalaôs, que identificavam neles o "dom" para a arte divinatória.

Os poemas de Ifá escritos pelos babalaôs ao longo de milênios desenvolvem narrativas humanizadas para explicar o imanifesto, o sagrado. Habitualmente, os heróis são os próprios Orixás, à frente de batalhas, conquistas e os mais diversos feitos. Obviamente, devemos entender a rica mitologia dos Orixás não somente como metáforas, mas metáforas inseridas e direcionadas para uma visão conjunta, onde crença religiosa e fatos históricos estão unidos, confundindo-se reciprocamente.

Inteligentemente, a pedagogia dos Pais de Segredo teceu os Orixás como modelos humanos, com emoções, sentimentos, vivendo experiências ao lado do próprio povo, aproximando-se assim um saber um tanto complexo à compreensão dos homens simples, lavradores, comerciantes, caçadores e trabalhadores comuns. Claro está que as contendas existentes às vezes entre os próprios Orixás devem ser consideradas como uma transposição do saber de domínio religioso, oculto, metafísico e iniciático, para o senso e o entendimento popular, relacionados à memória de um povo e consequentemente de seus fatos históricos.

Este saber sobrevive no Brasil através das religiões que se formaram na diáspora nagô. Na Umbanda, cada vez mais se dá importância a essa origem, que notadamente foi introduzida através de W.W. da Matta e Silva, exímio "olhador" de Ifá e nato babalaô reencarnado em solo pátrio, e de Roger Feraudy, outro arauto desta mesma Umbanda Esotérica de Pai Matta. Gradativamente, os chefes de terreiro foram absorvendo esses conhecimentos, através da popularização do Jogo de Búzios. Todavia, desvincularam-se do corpo mitológico e ético original muitos saberes tradicionais, a ponto de se justificarem as caídas dos búzios com outros fundamentos, paradoxalmente associando-os a mitologias estranhas à original.

Hoje temos um *reavivamento* significativo deste saber, pelo resgate escrito, dadas as centenas de livros publicados de pesquisadores sérios que registraram esta oralidade ancestral, anotando-a diretamente dos sábios e velhos sacerdotes vivos ainda. Isso redundou em uma característica marcante: os novos sacerdotes lidam harmoniosamente com o conhecimento adquirido na prática em suas comunidades terreiro e com o texto escrito das tradições ancestrais e enredos míticos dos Orixás, perfazendo um saudável fortalecimento deste saber, antes fragmentário e de posse de poucos e, na atualidade, sistematizado e disponível a muitos, num saudável e pujante corpo literário disposto em diversos livros.

Este livro foi baseado nos mitos descritos sustentam a sabedoria dos antigos Pais de Segredo. Todavia, os reinterpretei dentro de um contexto de Umbanda, preservando sua identidade como religião independente e com corpo teológico próprio. Muito aprendi de nossos mais velhos, com suas palavras e gestos rituais na dinâmica do terreiro ao longo dos anos, desde os idos de 1970, quando fui "batizado" na Umbanda, aos sete anos de idade. Muito mais ainda me foi passado diretamente pelas entidades espirituais, preponderantemente de origem africana nagô. Humildemente, compartilho que me lembrei de que estive encarnado em África, pois me vi, menino ainda, fazendo parte da confraria dos babalaôs. Tão vivas são essas memórias, que é como se os fatos que me ligam a esta vida passada, que remete a uma ancestralidade africana, tivessem acontecido ontem.

Também estudei e pesquisei arduamente durante os últimos dez anos. Um trabalho de "garimpagem" para chegar aos livros sérios, haja vista que é quase impossível checar a procedência de cada publicação e dos informantes de seus autores. Procurei fontes fidedignas de conhecimento religioso legítimo desta raiz, para que a veracidade mítica prevalecesse e, a partir dela, fizéssemos interpretações, legitimando "chaves" teológicas e cosmogônicas, por sua vez corroboradas em fórmulas rituais passadas pelos espíritos que nos assistem e contextualizadas dentro da Umbanda que vivenciamos, todavia, preservando seu núcleo duro normativo, ditado pelo Caboclo das Sete Encruzilhadas.

Gratidão aos Pretos Velhos Africanos, especialmente ao babalaô que se apresentou como Pai Benedito. Não tenho palavras para descrever o quanto este sábio Pai de Segredo me ensinou nos últimos 18 anos. Em verdade, trata-se do espírito conhecido como Ramatís, utilizando-se de uma velha roupagem fluídica, que ocupou numa encarnação como babalaô no solo de África. Atualmente, Ramatís encontra-se em processo de reencarnação, juntamente com uma falange de espíritos afins. Assunto que trataremos mais adiante.

A ética do corpo literário de Ifá

Ifá é a denominação da arte oracular iorubá que tem Orunmilá como Orixá Senhor do Destino, pois é o Orixá testemunho da criação. Embora Orunmilá não seja de fato Ifá, a associação íntima existe, porque ele é o que conduz o sacerdócio de Ifá. Os sacerdotes de Ifá são chamados babalaôs (Pais de Segredos).

A religião naturista iorubana, que originou o culto aos Orixás no Brasil em suas várias vertentes – diversidade –, inclusive a Umbanda que em muitos terreiros cultua os Orixás na forma africana e não sincretizada com o catolicismo, tem um corpo literário que não é muito conhecido, notadamente em seu aspecto ético. Afirmamos, sempre que nos referimos a Orixá, sejam quais forem as religiões que se formaram na diáspora, que existe um código ético original sustentador, ao contrário do que dizem alguns sacerdotes e pesquisadores da academia. O conhecimento religioso, ético, epistemológico, está registrado em versos (provérbios, parábolas) que são divididos em 16 capítulos ou signos principais. Cada capítulo corresponde a um Odu, que significa destino. Assim, são 16 Odus e cada Odu tem um conjunto variável de histórias contadas em versos, parábolas e provérbios, em verdade, enredos pensados pelos diversos babalaôs para que os ensinamentos pudessem ser entendidos pelos iniciados e, ao mesmo tempo, velados (protegidos) dos leigos, os de fora, não iniciados na confraria de Ifá existente na época. Podemos dizer que cada Odu pode ter até 16 histórias, em tamanhos diferentes, que podem ir de poucas linhas até páginas inteiras.

Enfim, objetivamente, isso é o corpo literário de Ifá (*Ifa divination poetry* ou *Ifa literary corpus*). Esses escritos contêm as informações sobre a religião. Tudo que se diz da religião primeva dos Orixás deve ter referência em um verso e Odu.

O grande problema do povo iorubá era que eles não tinham uma língua escrita aos moldes ocidentais. Tudo era repassado oralmente, conforme a tradição ensinada pelos mais antigos. Foram os europeus que criaram uma representação escrita para o muito simples e, para eles, "complicado" idioma tonal iorubá. Por muitos séculos, o "corpo literário" de Ifá, ainda não escrito e sistematizado, foi guardado pelos sacerdotes, os babalaôs, que dedicavam sua vida a decorar esses versos; assim, na maioria dos casos, esta sabedoria era transmitida apenas oralmente pelos babalaôs anciãos. Somente no século XX é que houve um intenso trabalho voltado para registrar esse corpo poético em gravações e registros escritos, para evitar que se perdesse. Mesmo assim, muito se extraviou e o forte senso ético e moral ficou esquecido, o que acabou desonrando a religião dos Orixás no processo que sofreu de inserção e popularização no Brasil, onde muitos – não todos – só querem ludibriar e arrumar-se financeiramente, utilizando um "saber" mágico que, em essência, não tem respaldo na ética contida no corpo literário de Ifá.

Podemos dizer que Ifá é o método de predição oracular e Orunmilá é o porta-voz divino, enquanto é o Orixá testemunha da criação e de todos os destinos individuais. Assim, a sabedoria de Orunmilá-Ifá é um aspecto sagrado do próprio Deus, como se fosse o "olho" que tudo vê, tudo sabe da existência das humanas criaturas e do próprio Universo. Mesmo com todos os avanços e estudos científicos, nenhuma teoria é capaz ainda de explicar completamente a origem de tudo que existe no Universo. Não temos a pretensão de analisar toda a filosofia contida no corpo literário de Ifá, o que fugiria ao objetivo deste livro, nem temos essa capacidade. Todavia, é necessário que passemos alguns conceitos básicos para o entendimento de nossa abordagem, que tem por foco os aspectos éticos relacionados com a vida humana e os Orixás, no sentido de nosso melhoramento íntimo, o que entendemos como evolução.

Nossa percepção ainda é muito limitada. Por exemplo, entendemos que o tempo é linear, ou seja, dentro de um período determinado temos começo, meio e fim. Em Ifá o tempo é circular, ou seja, é representado simbolicamente por uma esfera, dando a entender que, ao chegarmos ao fim daquele período, voltamos ao seu início, como se o tempo não tivesse nem início, nem fim. Isso aproxima este saber das atuais descobertas da Física, das dimensões hiperfísicas que permeiam nossa esfera de vida, da terceira dimensão. Ou seja, a "fonte" do Universo sempre existiu, não pode haver um "início", pois isso nos levaria a perguntar: "e antes, o que existia?".

Ficamos presos nessa pergunta que não tem resposta. O Criador sempre existiu. Definir exatamente como o Universo foi criado é, no mínimo, presunção, e considerando que estamos lidando com o infinito, como torná-lo finito tentando defini-Lo?

Em Ifá aprendemos que os Odus são, entre outras coisas, os eventos ocorridos durante o processo de criação do Universo, que é ininterrupto, e eles guardam as explicações ou mistérios de como tudo ocorreu, como se fosse um único holograma. Os antigos sacerdotes compreendiam os aspectos desta sabedoria divina e os "traduziam" para a compreensão da existência humana, no âmbito dos planos material e imaterial, do concreto para o abstrato, da matéria para o espiritual. Os eventos têm probabilidade de ocorrerem novamente, numa matemática sagrada, com sincronicidade, independente do tempo linear, causal. Trata-se de uma gigantesca malha cósmica que nos liga uns aos outros, os efeitos sendo imediatos em conformidade aos nossos atos, mesmo que não os colhamos imediatamente. Assim, tudo que já ocorreu no microcosmo da existência humana individualizada tem probabilidade matemática de ocorrer novamente com indivíduos diferentes. Em síntese, é isto que os Odus nos ensinam: que o sacerdote "olha" no Merindilogun (jogo de búzios), para que possa haver a predição e os vaticínios de Ifá venham em nosso auxílio para termos uma vida mais íntegra, amenizando sofrimentos, exaltando a bem-aventurança que "dorme" em nosso interior como potencialidade divina a ser desenvolvida. Ocorre que, no momento em que o ser humano, mesmo sábio e prudente quanto os babalaôs o eram, interpretou a criação divina, ela já se tornou incompleta, assim como o oceano não cabe num balde, ou seja, não há determinismo nem adivinhação chula, muito menos milagres. Temos livre-arbítrio e nossas atitudes são fundamentais para que tenhamos um bom destino, nesta ou em outra encarnação futura.

É aqui que entra o conceito de bom caráter – Ìwà pèlè. Em certo grau, muito significativo, pois é dele que se originarão outros atributos. É o responsável pela libertação do homem dele mesmo, pois nos brinda com um conjunto de princípios com os quais poderemos regular nossas condutas, com o intuito de melhorarmos intimamente e, a partir disso, nos conectarmos com a fonte de abundância e prosperidade, que é Deus.

A palavra Ìwà é formada a partir da raiz verbal *wà* (ser ou existir), acrescentada do prefixo *i*. O sentido original de Ìwà pode, então, ser interpretado como "o fato de ser, viver ou existir". Mas o que está consagrado é o significado de Ìwà como caráter, comportamento moral. Assim, Ìwà (caráter) é a essência de ser na perspectiva ética iorubana.

Toda a filosofia que permeia Ifá é utilizada para nos conduzir ao bom caráter, definindo dois aspectos preponderantes no mesmo:

- Ìwà pèlé (caráter bom, ou manso);
- Ìwà búburú/buruku (mau caráter).

Então, Ìwà pèlé pode ser traduzido como caráter manso, gentil, ou, em um sentido amplo, moral elevada como bom caráter. Logo, um dos principais objetivos da existência humana é adquirirmos e praticarmos o bom caráter. O indivíduo que tiver bom caráter não entrará em colisão com outros seres humanos.

O homem que possui Ìwà pèlé não confrontará nenhum dos poderes reguladores do Cosmo, sejam humanos na terra ou sobrenaturais no mundo espiritual, e desta forma viverá em harmonia com as forças que governam o Universo.

É por isso que a ética do corpo literário de Ifá tem o bom caráter como o mais importante de todos os valores morais e o maior de todos os atributos a ser adquirido pelo homem numa encarnação. Para isso recebemos um plano de vida, para desenvolvermos este atributo e tantos outros a partir dele, como honestidade, sinceridade, prudência, compaixão, respeito. É um "pecado" contra a divina Lei de Olodumaré – Deus – que qualquer um se desvie do caminho do bom caráter.

O corpo literário de Ifá pode, então, ser tomado como um conjunto de poemas míticos e históricos que, por meio de analogias, parábolas, versos, imagens e símbolos, repletos de uma linguagem metafórica, nos diz o que se deve fazer no intuito de estarmos em paz com Deus e com as Leis Divinas, com as forças sobrenaturais mantenedoras e organizadoras do Universo.

Todos os seus preceitos e advertências podem ser reduzidos a um pensamento: atenha-se fortemente ao cultivo do bom caráter para que sua vida seja boa.

Ifá diz: "quando uma perna vai adiante, a outra, obrigatoriamente, a segue. Se o pai comanda, o filho segue atrás dele".

Temos cada vez mais por hábito apressar os acontecimentos. Numa sociedade em que o alcance das coisas está a um toque de uma tela, por vezes damos o passo maior que a perna e não conseguimos nos manter em pé. Temos pressa em tudo e aí acontecem os atropelos do destino, aquelas situações que você mesmo provoca, por pura ansiedade de não aguardar o tempo certo. Estão ao alcance de todos os cursos rápidos virtuais, sem quaisquer pré-requisitos, ensinando descarregos, firmezas, rituais diversos e oferendas, tudo muito rápido e barato. A sabedoria de Ifá nos ensina a honrar nossos sábios, os mais velhos, respeitá-los e receber deles os ensinamentos na vivência do terreiro, no tempo certo, que nos são necessários para o amadurecimento e, assim, para o bom viver – "isto é o senso moral da vida, aceitar conselhos daqueles que um dia passaram pelo mesmo caminho, é ser nobre para com a vida".

Concluindo este capítulo, frequentemente ouvimos de espíritas, espiritualistas universalistas e até de ditos umbandistas – não todos – que as religiões tradicionais africanas – nos referimos ao culto aos Orixás de raiz nagô – não são baseadas em nenhum sistema ético. Pasmem! Até algumas lideranças no meio afrodescendente da diáspora consideram suas religiões aéticas, o que nos faz pensar que tudo podem fazer que não haverá uma quebra de honradez (decoro) dos seus sacerdotes e adeptos, contrariando frontalmente suas raízes ancestrais. Isso é um grande equívoco, que precisa urgentemente ser corrigido, inclusive em algumas "umbandas". Ao longo dos anos temos recebido relatos verídicos de sérios casos de abusos da fé alheia. Hoje, com o advento das redes sociais, em qualquer lugar com acesso à rede mundial podemos pedir "socorro" a um irmão de outro terreiro se temos dúvida do que estão se propondo a fazer conosco em nome da religião. Especificamente quanto às "umbandas", fomos procurados com pedidos de ajuda, de orientação nos seguintes casos reais, que nos causam estupefação, mas que infelizmente podem estar se repetindo em algum lugar de nosso país:

* O dirigente proíbe o médium, do sexo masculino, de incorporar Exu feminino, Bombogira (popular Pombagira), no caso da Umbanda, ou, no mesmo raciocínio de preconceito e abuso, o sacerdote proíbe o médium de ter uma entidade feminina de frente, como o são as caboclas, afirmando que, se isso ocorrer, o deixará afeminado. Aqui fica demonstrado o preconceito de gênero e misoginia (quando a médium é mulher e a entidade masculina, não existe nenhuma proibição), transferido para os espíritos, em desrespeito ao médium, o que causa profundo trauma.

* O "pai de santo" diz que os banhos de amaci (ritual de lavagem da cabeça com o sumo extraído de folhas maceradas) têm que ser feitos sem roupa. Ele "incorpora" o guia chefe e a entidade é quem faz o banho. O dito "pai de santo" é jovem e se diz inconsciente. Tal procedimento não tem nenhum fundamento nos ensinamentos contidos no corpo literário de Ifá e é um claro exemplo de mistificação.

* O chefe de terreiro exige que os médiuns façam a consagração com Exu. Para tanto, as médiuns mulheres, uma de cada vez, terão que incorporar sua "Pombagira", e ele, incorporado de seu "Exu", deverá ter relações sexuais com elas. Tudo terá que ser guardado em segredo e acontecerá durante o período de recolhimento individual para aplicação dos rituais.

Infelizmente, esses relatos recentes e reais ocorreram em terreiros que se dizem de "Umbanda" neste Brasil, contrariando frontalmente o corpo ético e literário de Ifá. Ao contrário do que muitos pensam, a moralidade africana – nagô – é fruto da religião. Obviamente que imoralidade não dá sustentação em nenhum sacerdócio. Numa sociedade em que ser educado ainda é ser europeizado, nós, umbandistas, somos vistos como ignorantes, analfabetos e sem cultura. Os casos relatados só contribuem para aumentar ainda mais o preconceito que já sofremos. Lamentavelmente, os princípios de educação e formação moral baseados no bom caráter, contidos no corpo literário de Ifá, que deveriam ser aplicados em todos os sentidos da vida, incluindo o respeito aos mais velhos e às tradições ancestrais, a lealdade, a honestidade e a assistência aos necessitados, estão esquecidos por muitos – não todos – que são simpatizantes do culto aos Orixás por dentro da Umbanda – ou "umbandas", tantas são as facetas ainda incompreendidas da Senhora da Luz velada em nossa pátria.

CAPÍTULO 3

QUEM É O ESPÍRITO RAMAOGUNDÁ

Todo livro que escrevemos sempre tem um guia astral que é o orientador espiritual da obra. Com *Os Orixás e os ciclos da vida* não poderia ser diferente. Esta entidade que se apresenta como Ramaogundá é nosso "velho" conhecido. Foi ele que ficou responsável pelos cuidados do meu pai carnal após seu socorro no umbral, que foi coordenado diretamente por Ramatís. Na época, Ramaogundá se apresentou como um jovem iogue, de túnica branca e turbante. Um "médico" e "psicólogo" avançado, se assim podemos defini-lo, da colônia espiritual Metrópole do Grande Coração, ligada à Fraternidade da Cruz e do Triângulo, e diretamente ao espírito Ramatís.

Somente agora fui saber que Ramaogundá é a união das palavras *Rama* + *Ogundá*, que é o terceiro Odu – Signo de Ifá – do Jogo de Búzios e tem a ver com o Orixá Ogum.

O termo Ogundá Meji, da elisão do termo *ogun* (grafia em iorubá), significa "o Espírito do Ferro se divide" – simbolicamente, dividir para criar algo novo, logo multiplicar.

Historicamente, quando alguém constrói uma estrada através da floresta, a está dividindo num esforço para criar civilização. Ogundá é o impulso para construir e abrir estradas para o trânsito necessário à mudança das consciências humanas, permitindo a passagem de *insights* do inconsciente para o consciente, fazendo as máscaras, couraças e placas do ego, que escamoteiam realmente quem somos, caírem frente ao autoconhecimento propiciado.

Seu nome iniciático, Ramaogundá, nasceu da junção de dois termos: *ramá* + *ògundá*. Ramá ou Rama, na mitologia hindu, é considerado uma das reencarnações do deus Vishnu. Significa a fonte de todo o prazer e é comparado à Lua encantadora, ou aquele que brilha na Terra. É uma insígnia sacerdotal, o símbolo do grande homem, o perfeito filho, irmão e amigo. O ser que venceu a si mesmo e conquistou maestria interior, por isso é um mestre orientando os que buscam a iluminação. Ramá é, na mitologia hindu, tudo aquilo que nós precisamos ser na vida em conformidade à nossa programação cármica para que encontremos nossa verdadeira essência.

Então, a palavra ogundá refere-se ao signo de Ifá Ogundá Meji, o terceiro Odu – destino – no Merindilogun (jogo de búzios). Está ligado ao Orixá Ogum e adverte de disputas e hostilidades, uma batalha à vista, que no sentido esotérico mais profundo nos remete à nossa encarnação, à grande "guerra" que travamos contra nosso maior inimigo, nosso ego. Assim como um desbravador abrindo estradas numa mata fechada, age o espírito Senhor Ogum Sete Estradas que nos assiste, uma entidade que se apresenta como africana nagô.

Ocorre que eu e Ramaogundá tivemos uma encarnação juntos na África, sendo iniciados na Confraria dos Babalaôs (Pais de Segredo) relacionada à Sabedoria de Ifá, e tivemos Ramatís como mestre instrutor na época, um sábio babalaô. Pela clarividência, vi-nos em solo africano, num momento de recreação, riscando no chão de areia fofa os sinais gráficos do Signário Sagrado de Ifá. Éramos jovenzinhos, em torno de 10 a 12 anos de idade, iniciados e imitávamos os babalaôs "velhos". Tínhamos as cabeças raspadas aos moldes budistas e usávamos brancas túnicas de manga comprida que nos pendiam até os pés, como se fossem "camisolões". Foi uma encarnação muito feliz, e hoje este amigo e irmão fiel, que se apresenta como Ramaogundá, é o espírito no Plano Astral responsável pela arte divinatória, que significa tornar divino e não tem nada a ver com adivinhação, no Grupo de Umbanda Triângulo da Fraternidade, onde sou zelador espiritual. Temos fortes laços fraternais e só posso agradecer aos tutores de minha mediunidade, ligados à Fraternidade da Cruz e do Triângulo, pela oportunidade de ser um servidor na mediunidade de terreiro e de reencontrar afetos tão antigos e marcantes.

Quando o espírito Ramatís informou-nos que dava por terminada sua obra psicográfica, que doravante deveríamos seguir nossa caminhada neste terceiro ciclo de vida, pois falta-nos um terço a viver (passamos dos 50 anos), assumindo nossa herança africana que nos remete à confraria dos antigos babalaôs em África, na qual Ramatís foi nosso mestre Pai de Segredo, meu e de Ramaogundá ou Senhor Ogum Sete Estradas na Umbanda. Já sabíamos disso há muito tempo, mas somente nesta obra nos autorizaram divulgar – Ramatís foi em uma encarnação passada um babalaô, um exímio Pai de Segredo, ligado à matemática de Ifá, sua sincronicidade cósmica, em que cada signo – Odu – remete a uma probabilidade de ocorrência na microcósmica existência humana.

Um "olhador" do lado de lá – o processo de divinação

Não tem como descrever o trabalho do Senhor Ogum Sete Estradas, um "olhador" de Ifá do lado de lá da vida, sem falar no jogo de búzios, que é realizado com 16 cauris (conchas do mar) africanos. Eles são jogados sobre uma peneira de palha levemente côncava e não têm, para nós, a finalidade de predição no sentido de adivinhação, ou seja, antecipar possíveis ocorrências futuras como popularmente fazem. O jogo chama-se Merindilogun exatamente pelo fato de erindilogun significar dezesseis. Entendemos arte divinatória ou divinação como o ato de nos conectarmos com o divino que existe em nós, nosso Ori, núcleo intrínseco do espírito, que traz nossos registros de vidas passadas e a programação da vida presente. É a busca da ligação com o Eu Superior ou Crístico de cada um.

O processo de divinação, para nós, é "acessar" o divino de cada médium e "diagnosticar" seu Eledá – regência dos Orixás –, ato litúrgico individualizado que faz parte do autoconhecimento por dentro da religiosidade com os Orixás. Claro está que a compreensão dessas forças divinas que nos influenciam pode nos conduzir a fazer inferência em nossos caminhos futuros. Se vamos percorrê-los adequadamente, dando os passos certos, depende de reflexão e do esforço pessoal de cada um de nós.

Os búzios são conchas do mar e têm uma "boca" de frente ou abertura natural. Quando este lado cai para cima, consideramos aberto. Ao contrário, quando a lombada – a parte de trás – está para cima, consideramos fechado. As combinações de 0 a 16, ou seja, de todos fechados a todos abertos, totalizam os 16 signos principais de Ifá utilizados no Merindilogun, que são chamados de Odus.

Os Odus não são destinos irremediáveis, deterministas, são um rico sistema milenar da filosofia religiosa do povo nagô e de suas crenças nos Orixás, que por sua vez estão enraizados em muitos terreiros de Umbanda que se utilizam do sistema oracular divinatório iorubano. Em verdade, eles são tidos como formas de respostas oraculares, em que o sacerdote – babalaô, o Pai de Segredo – constitui de forma sistemática a leitura dos Odus – ou "destinos" – denominados caminhos onde o sistema do oráculo se baseia num sem-número de mitos conhecidos como Itàn Ifá. No presente caso, o "Pai de Segredo" é o Senhor Ogum Sete Estradas no Plano Astral. Explicaremos melhor na sequência.

Nesse sistema, a mitologia dos Orixás é extremamente importante como fator estruturante de aspectos humanizados das existências em todas as suas fases, desde o período antes do nascimento até após a morte carnal, cujas regras encaminham o homem para o equilíbrio existencial no presente ou o "molestam" para que encontre seu caminho o quanto antes, sua verdadeira vocação ou missão reencarnatória. Claro está que o exercício do livre-arbítrio e as ações implementadas na "luta" da existência humana da atualidade têm influência nos rumos de cada ser e os sacerdotes sérios saberão identificar a correta interpretação individual dos Odus, nunca afirmando "é destino, não tem jeito", assim como Jesus orientava sem destruir a lei.

Ifá é o sistema divinatório dos antigos babalaôs nagôs. É o sistema mais adotado no Brasil e que se manteve pujante, tendo cada vez mais penetração na Umbanda, embora não sejam todos os terreiros que o adotam. Antigamente, na África, eram necessários muitos anos de preparo e estudo nas confrarias dos babalaôs para ser legitimado como um olhador. Infelizmente, hoje, mesmo entre os nigerianos, pouco mais de 5% da população são adeptos da religião de matriz iorubana.

O "poder" que o olhador tem para interpretar corretamente a caída dos búzios, que tem várias possibilidades de interpretações, se tantos abertos ou fechados, se amontoados entre si de um jeito ou de outro, se em barracão (caídas abertas em locais diferentes da peneira, separados por búzios fechados), entre tantas outras que não é finalidade desta obra aprofundar, depende inexoravelmente de aprendizado e estudo, mas isso não é ainda o suficiente. É indispensável que o sacerdote olhador de Ifá tenha o devido preparo astral – cobertura espiritual de fato e de direito –, ocorrência que se dá antes de sua atual reencarnação. Isso acontece nas Escolas de Umbanda existentes no Plano Espiritual e tem como premissa a vida passada experienciada em solo africano. Existe uma linha de continuidade iniciática, que impõe que o recebimento dos búzios seja feito em ritual de passagem, conduzido por um sacerdote mais antigo. Em nosso caso, recebemos das mãos de Roger Feraudy.

A disposição dos Orixás na peneira segue uma lógica, como se fossem duas cabaças que se unem e formam o planeta Terra – os planos espiritual e material interpenetrados –, irradiada pelas vibrações sagradas dos Orixás. É possível combinar com os Guias Astrais alguns detalhes do método que o olhador adota, havendo variações, mas não a ponto de uma descaracterização dos procedimentos ou epistemologia original contida nos versos e provérbios da Sabedoria de Ifá. Há que se comentar que a ligação entre o sacerdote que está jogando e os Orixás enquanto forças divinas é realizada por Exu, o elo de comunicação, que leva e traz as informações. Não por acaso, a ligação com o médium que joga é feita pelo Senhor Ogum Sete Estradas, pois o epíteto "estrada" do Orixá Ogum remete a caminho e é símile a vibração de Exu.

Não há como ser um olhador do jogo de búzios e fazer as interpretações corretas, sem erro, se não se tem potencialidades anímicas desenvolvidas, como a clarividência – ver o mundo astral –, a clariaudiência – escutar o mundo astral – e, finalmente, a senciência – a capacidade de sentir os sentimentos, as emoções e as dores tanto dos seres desencarnados como das humanas criaturas. Embora não haja incorporação mediúnica durante o jogo, em verdade, em nosso caso, todo o processo é amparado pelo mediunismo.

Então, o Senhor Ogum Sete Estradas é uma entidade astralizada que é o verdadeiro leitor de Ifá, uma vez que é indispensável a mediunidade de efeito físico. Os chacras palmares do médium são sensibilizados antes de sua encarnação, diretamente nos centros de forças correspondentes no perispírito, fazendo com que exsudem fino ectoplasma pelas mãos, que serve de meio de ligação para que os Guias Astralizados procedam à movimentação dos cauris quando são lançados. Isso é o sentido esotérico profundo de ter a "mão de Ifá". O ritual de confirmação e passagem dos búzios, aplicado por um sacerdote mais antigo e igualmente possuidor da "mão de Ifá", é como se fosse um "selo de garantia". Ou seja, não basta fazer um curso e participar de um rito de consagração ao final, se de fato o candidato a sacerdote de Ifá não tiver as aptidões reais, marcadas e sensibilizadas em seu corpo astral antes de sua atual encarnação.

Comumente, é o Senhor Ogum Sete Estradas o responsável técnico pelo jogo, procedendo aos impulsos etéreos astrais com o ectoplasma "materializado", forjando movimento nas conchas ou búzios, fazendo-os cair em conformidade à verdade dos fatos. São recursos mediúnicos indispensáveis à leitura adequada do Ori e demais fatos pertinentes à arte divinatória de Ifá na Umbanda. Somente assim acreditamos ser possível um jogo sério, com acuidade, efetividade e destreza. Lamentavelmente, vemos muitos indivíduos despreparados utilizando-se da boa vontade dos inocentes que os procuram.

Vamos falar um pouco dos Odus, que fazem parte de um amplo e complexo sistema de 256 signos principais, que significam caminhos que mostram vários aspectos da vida (nada a ver com determinismo) e do espírito para que o ser humano encontre e supere os desafios, as dificuldades que aparecem ao longo de sua programação cármica, da presente encarnação. Portanto, a data de nascimento tem uma grande importância, pois por meio dela é possível saber o Odu de nascimento, que por sua vez está relacionado com um ou mais Orixás, sendo confirmado no jogo ou não. Para nós, a legitimidade do jogo prevalece sobre qualquer possível método de apuração pela data de nascimento ou numerologia, que servem como acessórios ao olhador, mas em nenhuma hipótese devem superar o ato litúrgico de jogar os búzios.

Podemos afirmar que os Odus, códigos siderais, são baseados na matemática divina e na lei de probabilidades, pois certas ocorrências se repetem em nossas existências. Tudo está registrado na contabilidade da Mente Universal e cada indivíduo traz um Odu de origem e cada Orixá é "governado" por um ou mais Odus. Cada Odu tem um nome e características próprias e divide-se em "caminhos", onde estão correlacionados a mitos conhecidos como Itan, que são os provérbios ou escrituras sagradas de Ifá (termo em iorubá para o conjunto de todos os mitos, canções, histórias e outros componentes culturais dos iorubás, passados oralmente de geração a geração, sendo que na atualidade já existem consistentes registros etnográficos escritos para pesquisa).

Os Odus são os principais responsáveis pelos destinos dos homens e do mundo que os cerca e cada um de nós, quando da elaboração de nosso plano de vida encarnatório, ficou imantado a essas forças para poder evoluir através do esforço pessoal, tornando-nos cidadãos melhores, homens de bem e indivíduos de bom caráter. Os Orixás não mudam o destino da vida, e sim executam suas funções dentro da natureza "liberando" certas energias no Ori – cabeça – do indivíduo para que consiga se harmonizar com os efeitos que traz consigo – carrego cármico – de causas passadas, que ele mesmo gerou e é responsável.

Não existe um determinismo ou destino inflexível. Assim, cada consciência pode ir ao encontro ou seguir um caminho alheio ao destino – plano de vida – estabelecido, como, por exemplo, ter renascido para ser médium na caridade e mudar de ideia, passando a ganhar dinheiro através de consultas pagas. Nesse caso, interpretamos que o cidadão está com o Odu negativo, ou seja, sua conduta foge às regras siderais (seguiu um caminho ruim dentro do "destino" combinado). Quando nascemos, somos regidos por um Odu de Ori (cabeça), que representa nosso "eu", assim como outros Odus relacionados às nossas vidas.

Há que falarmos um pouco sobre a lei do Carma. Existe um aforismo popular na Umbanda que diz: "Xangô escreveu a justiça; quem deve paga, quem merece recebe!".

Quase sempre atribuímos ao Carma algo negativo que aconteceu em nossas vidas, como se o Carma fosse algo ruim. Carma (ou Causa e Efeito) significa "Ação em Movimento" e é uma lei da natureza que regula o limite dos acontecimentos e as reações dos atos contrários. O Carma ensina que somos os próprios responsáveis pelos acontecimentos em nossas vidas, o que nos torna livres para fazer e decidir o que acharmos melhor, sendo merecedores dos efeitos que disso florescerem. Educa-nos que não há felicidade (ou tristeza) não merecida; que não somos vítimas do destino; que não existe injustiça; que colhemos o que plantamos.

Quando compreendemos esses ensinamentos, podemos mudar nossa atitude perante a vida e tomar controle de nossa própria realidade. As influências externas não nos atrapalham, pois compreendemos o fluxo e o refluxo de forças que fazem com que nossa realidade aconteça. Aos poucos, as reencarnações sucessivas nos conduzem a nos tornarmos senhores de nós mesmos e de nosso próprio destino.

Aceitando a realidade, podemos nos transformar interiormente, aprender e desenvolver melhor nossas vidas. Cada um de nós deve abrir caminhos para o leque de possibilidades que a existência humana nos oferece e transmutar nossas decisões em algo maior, segundo a Vontade Interior de nossa própria alma, nosso Eu Profundo, nosso Ori.

Tudo no Universo é organizado de acordo com o grau de afinidades. Ou seja, todos nós somos atraídos para pessoas ou situações que são afins ao que pensamos, sentimos e fazemos, por isso devemos sempre fazer coisas boas e cultivar relações positivas, desenvolver bom caráter, ter pensamentos amorosos e nos esforçar para sermos homens de bem, pois só assim teremos a possibilidade de pisar em flores sem espinhos, ao percorrer nossos caminhos. Afinal, quem maneja adequadamente o que planta dentro da Lei Divina não receia a colheita.

Enfim, em conformidade aos Orixás que cultuamos, seguem algumas interpretações básicas dos 16 Odus principais do jogo de búzios – Merindilogun – que adotamos:

1. OKANRAN MEJI – 1 búzio aberto
Regente: Exu, com influência de Iansã e Omulu.
Elementos: terra e água.

Os nascidos neste Odu são inteligentes, versáteis e passionais, com enorme potencial para a magia. Seu temperamento explosivo faz com que raras vezes atuem com a razão. Têm talento nos negócios. Nos relacionamentos afetivos e interpessoais, podem ser muito inconstantes.

2. EJIOKO MEJI
Regente: Ogum, com influência de Xangô e Oxalá.
Elementos: terra e ar.

Os nascidos neste Odu são intuitivos, joviais, sinceros e honestos. Revelam grande combatividade. No aspecto negativo do Orixá, não sabem conviver com a derrota e podem se tornar violentos. Devem controlar a obstinação e ter cuidado com a vesícula e o fígado, seus pontos vulneráveis.

3. ETAOGUNDÁ MEJI
Regente: Ogum, com influência de Omulu e Xangô.
Elementos: fogo e ar.

As pessoas com este Odu em geral veem seus esforços recompensados. Costumam vencer na política e conseguem obter grandes lucros nos negócios. São intensas e por vezes emocionalmente inconstantes, sendo propensas a ter problemas espirituais e físicos, embora na maioria dos casos consigam se recuperar com facilidade de qualquer doença. Seus pontos vulneráveis são os rins, as pernas e os braços.

4. IROSSUN MEJI
Regente: Oxossi, com influência de Xangô e Iansã.
Elementos: fogo e terra.

Os nascidos neste Odu são generosos, sinceros, sensíveis, intuitivos e místicos. Têm grande habilidade manual e podem alcançar sucesso na área de vendas. Entre os aspectos negativos estão a tendência a sofrer traições e a propensão a acidentes. Muitas vezes são vítimas de calúnias e da perseguição de seus inimigos. Precisam cuidar da alimentação, pois seu ponto vulnerável é o estômago.

5. OSE MEJI
Regente: Oxum, com influência de Omulu, Iansã, Iemanjá e Xangô.
Elementos: ar e água.

As pessoas com este Odu têm mão de magia, força e proteção espirituais, religiosidade e uma inclinação especial para o misticismo e as ciências ocultas. São ótimos professores e se destacam em qualquer atividade que exija liderança, mas precisam aprender a controlar sua vaidade e seu egocentrismo. Outro aspecto negativo é a tendência a se vingar quando estão com raiva. Seus pontos vulneráveis são o aparelho digestivo e o sistema hormonal.

6. OBARÁ MEJI
Regente: Oxossi e Iansã, com influência de Iemanjá.
Elementos: ar e terra.

As pessoas com este Odu têm grande proteção espiritual e costumam vencer pela força de vontade, especialmente em profissões relacionadas à criatividade. Mas com frequência desistem de seus projetos para recomeçar novos. Devem aprender a silenciar sobre seus planos, determinar por onde começá-los e persistir até terminá-los. Seu ponto vulnerável é o sistema linfático.

7. ODI MEJI
Regente: Omulu, com influência de Xangô e Iemanjá.
Elementos: ar e água.

Os nascidos neste Odu são ambiciosos e costumam ser bem-sucedidos em suas profissões. Gostam de viver bem, de conforto e de viajar. Quando a fé os impulsiona, porém, ultrapassam todas as barreiras. Sonham com o poder e adoram mandar e se divertir. Seus pontos vulneráveis são os rins, a coluna e as pernas.

8. EJIOGBE MEJI
Regente: Oxalá, com influência de Xangô e Ogum.
Elementos: fogo e fogo.

Os nascidos neste Odu são dedicados e honestos e levam uma vida quase sem sofrimentos. Mas estão sujeitos a acidentes graves. Amam com intensidade e têm amizades sinceras. Quando são repudiados ou sofrem uma traição, podem se tornar vingativos. Devem evitar o consumo de álcool e os excessos alimentares. Seu ponto vulnerável é o sistema nervoso central.

9. OSA MEJI
Regente: Iansã, com influência de Omulu e Iemanjá.
Elementos: água e fogo.

Os nascidos neste Odu são líderes natos, mas seu autoritarismo lhes cria sérios problemas de relacionamentos interpessoais. O instinto protetor e a religiosidade também os caracterizam. Seus pontos vulneráveis são os conflitos psicológicos e, no caso das mulheres, os problemas ginecológicos.

10. OFUN MEJI
Regente: Oxalá, com influência de Iemanjá.
Elementos: água e água.

Os nascidos neste Odu são inteligentes, fiéis e honestos, capazes de dedicar atenção total ao outro. Envolvem-se em atividades altruísticas. Têm amigos sinceros e são de elevada espiritualidade. Em contrapartida, mostram-se muito teimosos e tendem a ser ranzinzas e rígidos. Seus pontos vulneráveis são o estômago e a pressão arterial.

11. OWORYN MEJI
Regente: Iansã, com influência de Oxum e Oxossi.
Elementos: água e ar.

Indivíduos de imaginação fértil, boa saúde e vida longa, mas a falta de fé pode os levar a enfrentar dificuldades materiais e a só alcançar o equilíbrio depois de grandes esforços. Devem evitar a bebida e outros vícios. Seus pontos vulneráveis são a garganta, o sistema reprodutor e o aparelho digestivo.

12. IWORI MEJI

Regente: Xangô, com influência de Xangô, Oxossi e Ogum.
Elementos: água e terra.

Os nascidos neste Odu têm o dom de convencer os outros, são persuasivos. Dotados de grande sensibilidade espiritual, são bondosos, justos e prestativos, embora às vezes se mostrem arrogantes. Devem evitar a bebida e podem ter problemas judiciais ou relacionados à perda de bens. Seu ponto vulnerável é a circulação sanguínea.

13. EJIOLOGBON MEJI

Regente: Nanã, com influência de Iemanjá.
Elementos: terra e terra.

Os nascidos neste Odu aceitam com resignação os sofrimentos físicos, emocionais e espirituais, conscientes de que todas as situações da vida são transitórias. Além disso, sua profunda fé termina por lhes assegurar a vitória. Dotados de "mão de cura", se destacam nos serviços médicos e de assistência psicológica e nas terapias alternativas. Seus pontos vulneráveis são o baço e o pâncreas.

14. IKÁ MEJI

Regente: Nanã, com influência de Ogum e Xangô.
Elementos: água e terra.

Belos e sensuais, os nascidos neste Odu têm aparência juvenil e forte poder de sedução. Possuem talento para a magia e enorme força espiritual, que se manifesta através do olhar de intenso magnetismo. Têm facilidade para "enriquecer" e se destacam na vida profissional e social, mas são desconfiados e propensos a ter conflitos psíquicos, depressão e transtornos obsessivo-compulsivos. Seu ponto vulnerável são as articulações, que podem lhes causar problemas de locomoção.

15. OGBEOGUNDÁ MEJI
Regente: Ogum, com influência de Ogum e Xangô.
Elementos: fogo e água.

Os nascidos neste Odu são valorosos, combativos, justos e imparciais, mas podem ser receosos de rejeição, o que acentua sua agressividade e seu sentimento de baixa autoestima. Têm saúde frágil: estão sujeitos a problemas nos olhos, ouvidos e pernas e a distúrbios do sistema neurovegetativo.

16. ALÁFIA ONAN
Regente: Oxalá.
Elementos: ar e fogo.

Calmas, racionais e espiritualizadas, as pessoas com este Odu têm domínio sobre suas paixões. São excelentes nas áreas de venda e artesanato, mas desistem facilmente de seus projetos e perdem o interesse por aquilo que já conquistaram, pois são bastante "pródigas" com suas conquistas, não se importando com perdas materiais. Valorizam mais aspectos subjetivos da vida, como a felicidade e estarem de bem com todos. Estão sujeitas a problemas cardiovasculares, psíquicos e de visão.

Não poderíamos deixar de falar novamente sobre Orunmilá, que faz, junto com Exu, a base teológica e doutrinária do sistema oracular nagô. Exu é o comunicador, o que concretiza a ligação com Orunmilá do Sagrado para o profano, do plano espiritual para o material. Por sua vez, em nosso entendimento, Orunmilá é o Senhor dos Destinos, o aspecto da criação primordial que simboliza o saber absoluto do Criador – Olodumaré. Não existe passado, presente ou futuro para a Mente Universal. Por isso, Deus é o Olho que Tudo Vê. O aspecto desta visão, para nós, é

Orunmilá, ao qual nosso Ori – centelha divina – está ligado inexoravelmente. Imaginemos que todo o saber, a verdade de tudo que já existiu, existe e existirá no infinito Cosmo, conforme falamos anteriormente, esteja registrado num único holograma, um tipo de arquivo digital para a nossa compreensão, e Orunmilá é a parte diferenciada da Divindade Maior, que tem acesso a essas informações, e Exu é o comunicador, o "carteiro" que lê a carta, o que traz esses dados para a interpretação humana e, ao mesmo tempo, leva nossas rogativas de esclarecimento e compreensão da vida.

Tive, certa vez, uma clarividência sobre este assunto. Estávamos fazendo o assentamento vibratório do Merindilogun, lidando com certos preceitos de fundamentos para consagrar os búzios – conchas do mar – e, após terminarmos, nos escoramos na cadeira junto à mesa pronta e sacralizada, quando sentimos um toque do Senhor Ogum Sete Estradas em nosso chacra frontal; ato contínuo, abriu-se-nos a visão do terceiro olho, e assim enxergamos a abóboda celeste com miríades de estrelas brilhantes. Vagarosamente este céu girava, ora para a esquerda, ora para a direita, destacando-se um ponto luminoso que se transformava num sinal gráfico. Neste momento, uma "voz" disse-me que era Exu e que aqueles eram os sinais gráficos de Ifá, que contêm todo o saber do Cosmo e fazem parte da Mente Universal. Enfatizou Exu que o aspecto divino que zela por este saber é Orunmilá, que tem acesso absoluto a todo o conhecimento e aos destinos de cada espírito criado. Deus (Olodumaré) em tudo está e tudo é. Não por acaso, é o que tudo sabe em relação a nossas existências humanas.

Concluindo este capítulo, é o Senhor Ogum Sete Estradas (Ramáogundá), na Umbanda atuando na linha de nagô, o espírito orientador desta obra. Ele que me inspirou à pesquisa e ao estudo contínuo, bem como me passou mediunicamente todos os títulos dos capítulos do livro num único *insight* – recebidos na frente de nosso congá (altar) em dia de sessão pública de caridade. Que o entendimento melhor da psicologia dos Orixás, com seus mitos, simbologias, significados e significantes, nos sirva para entendermos nossa existência humana, fazendo-nos cidadãos melhores.

Dizem que o mestre aparece quando o discípulo está bem preparado. Em verdade, o discípulo só é preparado pelo toque do mestre, um exemplo e a melhor de todas as lições, contrariando o aforismo popular "faça o que eu digo, mas não faça o que eu faço"... Fazemos, escrevemos e falamos, quanto mais próximos estamos do que diz Senhor Ogum Sete Estradas do lado de lá. Tanto mais próximos dele, tanto mais seguros estamos.

Nos versos de Ifá, encontramos orientação de qual caminho seguir, porém, se somente passamos por cerimoniais e dentro de nós nada muda, não chegaremos a lugar nenhum. Encarnações se repetirão, bem como ciclos de vida, até aprendermos e abrirmos dentro de nós as "estradas" a serem percorridas rumo à bem-aventurança.

CAPÍTULO
4

A MITOLOGIA DOS ORIXÁS
O SIGNIFICADO DAS LENDAS

A Umbanda é uma religião que propicia a seus adeptos, àqueles que a vivenciam "por dentro", a possibilidade de tornarem-se indivíduos ativos na busca espiritual, sendo cada um o suporte da manifestação divina, no sentido de que o transe ocorre no templo interno psíquico do ser e é o elemento indispensável e preponderante, o suporte e a essência da convivência com o mundo sobrenatural, metafísico, onde habitam os espíritos, nossos Ancestrais Ilustres.

Por meio de múltiplos rituais e de sucessivas etapas iniciáticas no tempo adequado ao amadurecimento do iniciando, paulatinamente, ocorre uma integração no "bloco" psíquico do ente, em sua cognição consciente, com as forças cósmicas e seus enviados, os Orixás e os Guias Astrais. No espaço sagrado do terreiro encontramos nossa ancestralidade, que jaz nos arquivos mnemônicos do inconsciente profundo. Este saber "jorra" para fora, para a zona periférica da consciência, o chamado subconsciente, advindo daí os estados superiores de percepção extrassensorial.

A Umbanda tem forte referência mitológica, no mais das vezes velada, amalgamada a seus cânticos, ladainhas e louvações, absorvida notadamente de uma de suas origens, a africana, tanto nagô quanto angolana (nosso foco é a primeira). A possibilidade de convivência entre o mundo espiritual – Orum – e o mundo terreno onde vivemos ordinariamente – Aiyê –, mesmo que momentânea, numa mesma dimensão de intercâmbio e de comunicação mediúnica entre espíritos encarnados e desencarnados (todos nós somos espíritos), médiuns e falangeiros dos Orixás que confraternizam, nos faz superar o medo da morte, os recalques impostos por doutrinas castradoras e bloqueios emocionais. Fortalece-nos para vencermos nossos tormentos psicológicos internos, num aprofundado método preventivo e terapêutico para doenças, um genuíno processo de cura e autocura espiritual. Aprendemos que a matéria primordial que nos forma é a mesma que constitui o Cosmo, que é todo amor, abundância, saúde, paz e prosperidade, procedente de uma mesma fonte, seja qual for o nome que dermos a ela – Deus, Zambi, Jeová, Olurum...

Sabemos que a mitologia dos Orixás permeia os pontos cantados na Umbanda. Aliás, não é incomum algumas entidades se identificarem como sendo os próprios Orixás.

Nessa perspectiva, a presente obra procura fazer uma leitura panorâmica dos ciclos da vida humana, desde o pré-nascimento até o recolhimento após o desenlace físico, momento em que devolvemos a matéria "emprestada" que nos gerou para a terra que nos abriga. Reinterpretamos ricas metáforas simbólicas, reinserindo esses ensinamentos na compreensão do senso comum atual, não tribal e urbano, do umbandista. Somos cidadãos da metrópole, estamos no século 21, não existe mais a escravidão e não nos obrigam a nos declararmos católicos, os "deuses" não são sedentos de nos punirem como forças da natureza descontroladas e vingativas. Todavia, carecemos de nos libertar de muitos preconceitos e equívocos de interpretação com a origem dos Orixás, inegavelmente africana, mesmo que tentem dizer o contrário.

Nascemos num país de misturas étnicas, ao contrário do purismo etnocêntrico europeu da Idade Média – o senso de superioridade que autorizou a escravidão com o beneplácito da igreja católica romana. Urge a abertura para a diversidade cultural e a Umbanda, não tendo uma codificação, um poder central ou um "papa" do saber, nada mais natural que trabalhe nossas personalidades ainda egoístas e refratárias para a alteridade e o diferente.

Inquestionavelmente, a psicologia dos Orixás nos auxilia na existência humanizada. Estudá-la com humildade e imparcialidade de ânimo, aceitando que existem muitas formas de se fazer Umbanda sob a lei desta Umbanda de todos nós, desde a vertente mais espiritista até a mais africanizada, polaridades que não são antagônicas, tendo vários caminhos rituais com um mesmo propósito, um núcleo duro e várias periferias: **a manifestação do espírito para a caridade.**

Entendendo como se processa a identificação mítica dos Orixás com os respectivos arquétipos e como isso impacta no mediunismo de terreiro, e consequentemente na absorção de certos atributos psíquicos positivos em nosso modo de ser, melhorando nosso caráter, teremos a possibilidade de consecução de nosso programa de vida a contento, fazendo-nos mais sintonizados com nossa essência divina interna. Um caminho amplo, trabalhoso, fecundo, demorado, que apenas levantamos os primeiros véus.

Há que se considerar que os mitos não criam, apenas revelam o que já está criado. Os babalaôs de antigamente eram iniciados que elaboravam narrativas para desvelar o que sabiam do mundo sobrenatural à compreensão comunal. A mitologia descreve a relação de forças sagradas, da natureza cósmica, numa linguagem humanizada repleta de metáforas, que muitas vezes apenas os iniciados compreendiam com clareza e acuidade fiel à verdade. A criação não existe por causa dos mitos. Os mitos existem como efeito narrativo da criação divina, um método pedagógico educativo repassado e repetido à exaustão como lendas até a memorização dos cidadãos comuns.

Gradativamente, os enredos elaborados e narrados, suas lendas e parábolas compostas de símbolos, com seus significados e significantes, como o são os instrumentos que cada Orixá carrega consigo, se perpetuaram, sendo amplamente aceitos e caracterizando uma sólida cultura introduzida no corpo literário de Ifá, vívido entre gerações seculares pela transmissão oral deste saber. Em verdade, um pujante sistema ético para burilamento do caráter.

Em tempos não tão remotos, os homens viam a natureza como um obstáculo a ser superado para a própria sobrevivência. Para o entendimento da maioria, os ensinamentos eram transmitidos na forma de "causos" humanos, criando-se enredos narrativos símiles à realidade que se vivia, estabelecendo valores éticos e morais de convivência pacífica.

Hoje, muitos homens modernos consideram as civilizações antigas primitivas, no sentido de atrasadas e menos evoluídas, conceitos estranhos a essas culturas aborígenes integradas à natureza, algo que nosso avanço modernista, que julgamos civilizado evoluído neste Terceiro Milênio, ainda não almejou alcançar. Ao contrário, estamos destruindo cada vez mais o planeta e sua natureza acolhedora. Um dia não teremos mais Orixás, se assim continuar. O que restará da vida humana? Muitos aguardam os extraterrestres loiros de raças evoluídas virem nos "salvar" com suas naves potentes.

A forma narrativa dos Orixás, com seus falangeiros (espíritos ancestrais divinizados por terem sido heróis em seu tempo), se apresenta com atributos próprios dos seres humanos não por acaso. Essa aproximação acaba nos fazendo absorver positivamente suas qualidades, servindo como burilamento de nossos defeitos e fraquezas, tecendo poderosa "argamassa" para a construção de nossos alicerces psíquicos que estruturam o Eu Superior num caminho vagaroso, mas seguro, de reencontro com nossa divindade interior, nosso "cristo", nossa essência sagrada – Ori. Objetiva esta psicologia profunda, vivenciada nos transes rituais, fazer com que nos tornemos um "Orixá", tal qual vaticinou Jesus: "vós sois deuses, podeis fazer o que faço e muito mais".

Ocorre que a repetição ritual e as seguidas "catarses" abrem caminhos para dentro de nós mesmos, impulsionando-nos ao encontro de nosso Eledá – Orixás regentes –, solidificando em nós traços psíquicos comuns ao que experienciamos em contato com essas forças. Em verdade, esta potencialidade é-nos imanente, pois somos constituídos – centelha ou mônada divina – da mesma "matéria" primeva quintessenciada que é Deus. Ao despertarmos traços psicológicos semelhantes aos arquétipos que os Orixás representam, chegamos mais "perto" do próprio Criador.

Perguntamos: os mitos justificam os ritos e os antecedem, ou os ritos precedem os mitos que foram elaborados em consequência da experiência ritualística mística direta dos velhos babalaôs? Na verdade, ambos são tão conectados, como planta trepadeira que se confunde com o tronco da árvore, que dependem visceralmente um do outro para existir, ou seja, se um morrer, o outro morre também. Assim, os cânticos (oralidade) que animam todo o ritual e as liturgias umbandistas contêm imagens pictóricas míticas que nos induzem aos transes – estados alterados e superiores de consciência –, fazendo-nos entrar nos planos hiperfísicos, em outra dimensão que se conecta à nossa, em que incorporamos os falangeiros, representantes diletos dos Orixás, mudando nossa expressão corporal e percepção cognitiva. Nesse sentido, os mitos são anteriores aos ritos aplicados.

Não existiria o ritual indutor sem o brado do caboclo na mata lançando sua flecha certeira para caçar (arquétipo mítico de Oxossi), a batida no peito com o machado de madeira (arquétipo mítico de Xangô), o gestual das caboclas fazendo sua magia como se tomassem banho embaixo da queda de água na cachoeira (arquétipo mítico de Oxum), o "chilrear" choroso das caboclas do mar (arquétipo de Iemanjá), o andar curvado na dança da preta velha como se carregasse uma criança no colo (arquétipo mítico de Nanã), o braço em riste com semblante sério "imitando" a posse de uma espada em mãos num campo de batalha (arquétipo mítico de Ogum), o linguajar pausado e amoroso do preto velho (arquétipo mítico de Oxalá), o andar ligeiro de um lado para outro de caboclos e caboclas balançando os braços (arquétipo mítico de Iansã)... Não nos damos conta, mas a Umbanda está repleta de atavismos benéficos que irrompem em seus médiuns, uma saudável hereditariedade ancestral repleta de características psicológicas, intelectuais e comportamentais que nos remetem inexoravelmente à sabedoria nagô dos Orixás vindos da África, centralidade de nossa abordagem nesta obra, um roteiro de estudo a todos os interessados em desvelar esta origem ainda tão preconceituada, infelizmente, por uma expressiva parte "de dentro" da própria Umbanda que se considera melhor e mais evoluída que as demais.

Em síntese, os Orixás surgem nos mitos como personagens de enredos que são espelhos da vida humana, consequências de nossos próprios tipos psicológicos. O grande valor do mito requer saber interpretá-lo para que possa ser bem entendido. Assim, os objetos e as criaturas da natureza, as pessoas e as "divindades" se apresentam humanizados, pois são projeções das ações e dos comportamentos humanos, para que possamos enxergá-los mais claramente, percebermos melhor o que e como somos, as consequências de nossos pensamentos e as situações da existência que nos envolvem.

CAPÍTULO 5

O INÍCIO
O PLANO DE VIDA NA MATÉRIA - AIYÊ

Oxalá separa o Céu da Terra

No início não havia a proibição de se transitar entre o Céu e a Terra. A separação ou proibição de passagem entre os dois mundos foi decorrência de uma transgressão, da ruptura de um acordo entre os homens e Oxalá. Qualquer um podia passar livremente do Orum (plano espiritual) ao Aiyê (plano material) ou ir tranquilamente do Aiyê ao Orum.

Ocorre que, certa feita, um casal procurou Oxalá implorando para ter um filho. Oxalá disse que não, pois os humanos que estava fabricando naquele momento ainda não estavam prontos. Mas o casal tanto insistiu que Oxalá concordou. Contudo, estabeleceu uma condição: o menino não poderia vir até o Orum, teria que viver sempre no Aiyê. Nunca poderia cruzar a fronteira entre os dois planos de existência.

O casal foi embora e, conforme prometido, a criança nasceu e rapidamente cresceu forte e sadia. Os pais, temerosos de que um dia o filho tentasse visitar o Céu, foram morar num lugar distante de seus limites. Acontece que o pai tinha uma plantação que avançava para dentro do Orum. Sempre que ia trabalhar em sua roça, omitia do menino, dizendo que ia para outro lugar, temendo que o filho o acompanhasse. Mas o menino, curioso por natureza e já desconfiado, furou o saco de sementes que o pai levava e seguiu a trilha deixada no caminho. Assim, conseguiu entrar no Céu.

Ao entrar no Orum, foi imediatamente preso pelos soldados de Oxalá. O menino estava encantado com tudo que via – belezas inebriantes e miraculosas. Queria saber tudo, tudo perguntava. Os soldados o arrastaram até Oxalá e o menino espernava, não entendendo o motivo de sua prisão. Oxalá reconheceu o menino que "fabricara" e dera ao casal na Terra e ficou furioso com a quebra do tabu. O menino tinha entrado no Orum, quebrando a promessa dos pais. Que atrevimento! Oxalá, furioso, bateu com seu cajado no chão, ordenando que acabasse a balbúrdia com o menino. Fez isso com tanta força que seu opaxorô (instrumento ritual) atravessou os nove espaços do Orum, criando uma "rachadura" no Universo, fazendo surgir o firmamento, separando definitivamente o Aiyê do Orum.

Desde então, os Orixás ficaram residindo no Orum e os seres humanos, confinados no Aiyê – Terra. Somente após a morte poderiam os homens ingressar novamente no Orum.

Há que se considerar que, naturalmente, o Cosmo espiritual é mantenedor do material, sendo tudo o que existe consequência do lado de lá. Somos um duplo, uma cópia ou reflexo de uma realidade maior, que se nos apresenta para vivermos nesta matéria em consequência de um processo de condensação de energias, num trânsito constante que ainda não entendemos em plenitude, mas pelo qual podemos concluir e fortalecer nossa fé, tendo a convicção de que é por obra da criação divina.

Somos formas transitórias de uma fonte irradiante cósmica, a grande mente universal, tudo provindo d'Ele. Assim, toda existência animada (vida) e inanimada (sem vida) manifesta-se, basicamente, para nosso precário entendimento cartesiano e ainda físico, em planos vibratórios que se completam: o natural e o sobrenatural, o concreto e o abstrato, o físico e o hiperfísico, os quais denominamos de Aiyê e Orum, respectivamente. O Orum, que por sua vez é "recheado" de subplanos (extratos de frequências justapostos) espirituais, "divide-se" em nove subplanos vibratórios, ou dimensões paralelas, conforme a física quântica, que não abordaremos neste livro, pois fugiria à sua proposta temática central.

É indispensável sabermos que tudo que existe em nosso plano vibratório tem duplicidade energética etéreo-astral, mas nem tudo que existe na dimensão do lado de lá tem duplo na matéria, embora possa influenciá-la. Somos um "aglutinado" de elementos que se dispersarão um dia e se rarefarão, retornando nossa consciência a habitar "somente" seu "avatar", sua forma sustentadora no plano astral, o corpo astral. Quando encarnamos, éramos preexistentes e a formação do corpo físico foi consequência de uma força magnética dinâmica com vários atributos divinos, a qual denominamos de Exu – ***princípio dinâmico da individualização***, que abordaremos melhor no próximo capítulo.

Há que se dizer que o corpo astral é muito mais complexo que o organismo físico, pois o corpo de carne é feito para o homem viver na Terra por 60 a 80 anos, em média; enquanto o corpo astral é a organização "definitiva" para o espírito e sua consciência habitarem o plano astral que envolve o planeta, até finalmente ascenderem a outras esferas vibratórias. Em verdade, os espíritos desencarnados possuem órgãos semelhantes e bem mais complexos do que os existentes no corpo de carne.

Então, os órgãos do corpo físico são apenas "cópias" limitadas dos "moldes" esculpidos na substância vibratória do corpo astral, o que faz nosso organismo reflexo deste veículo da consciência. A maioria dos espíritos do lado de lá possui órgãos semelhantes aos do corpo físico, o que não implica que seu metabolismo seja idêntico ao dos encarnados. Esses órgãos continuam a servir-nos após a morte, em funções semelhantes às dos órgãos da matéria, mas não iguais, pois a nutrição do corpo astral é outra, e bem diferente, de acordo com o subplano astral que habita.

Somos impactados por um princípio dinâmico da individualização – Exu –, uma força magnética que realiza a condensação, um tipo peculiar de aglutinação energética que faz reproduzir as células da concepção até a formação completa do novo corpo físico, a gênese orgânica que entendemos como gravidez, em que nosso corpo astral e consciência são "vestidos" por uma nova "roupa de carne" para que possamos vivenciar nosso programa de vida ou destino na matéria densa terrena.

Basicamente, temos três especificidades constitutivas na matéria terrena – Aiyê –, que comentaremos para efeito didático:

Ara: a porção energética que forma o corpo físico, decorrente do campo de força bioeletromagnético que criou e mantém a coesão atômica molecular que forma os órgãos e, consequentemente, todo o organismo;

Ori: a porção energética ligada ao espírito, sua consciência, que se expressa através da cabeça – cérebro –, mas não é física, preexistindo antes da reencarnação e continuando viva e plenamente manifesta após a morte ou desencarne. Contém e envolve um núcleo energético central (ipori);

Ipori: o núcleo intrínseco do espírito, nossa mônada, centelha ou chispa divina, nossa divindade interior, pois é formada da mesma "matéria" primeva símile a Deus. Não por acaso, Jesus vaticinou "eu e o Pai somos um", "o que eu faço, podereis fazer e muito mais" e "vós sois deuses".

Inexoravelmente, Ori se formou no entorno deste núcleo intrínseco do espírito – ipori – que, por sua vez, se "soltou" da matéria – massa – primordial, protoplasma sagrado que não conseguimos definir em palavras, o próprio Deus imanifesto, onisciente, imanente, onipotente e consequente Criador de todos nós – cabeças –, que por sua volição – vontade – faz ininterruptamente "porções" d'Ele se "soltarem", se diferenciando do Todo Cósmico que Ele é. No momento em que essa porção se solta, como gota do oceano, temos a potencialidade do Criador em nós, mas somos diferenciados em relação à massa de origem. Como espíritos criados, somos submetidos a um Orixá ancestral, que demarca nossa vibração primeva e nos acompanhará no infinito existencial. Ao mesmo tempo, somos expostos ao princípio dinâmico e de comunicação irmanado do próprio Deus, um de seus atributos divinos, que é Exu, aspecto propulsor que nos "empurra" num descenso vibratório para que cheguemos gradativamente às dimensões mais densas – plano astral – e, a partir daí, tenhamos contato com as formas e condições de adquirir a individuação e a consciência que se darão no ciclo de reencarnações sucessivas e nos reinos mineral, vegetal e animal que fazem parte dos diversos planetas do Universo.

Assim, nosso ipori – centelha, chispa divina ou mônada – galga o infinito ciclo evolutivo do espírito imortal, num momento adquirindo consciência – Ori –, sendo inseridos na Lei Cósmica de Causa e Efeito, de ação e reação, adquirindo, finalmente, livre-arbítrio. Como uma planta nova, uma muda, que sai do vaso e é plantada na terra, sofrendo a partir daí as intempéries do tempo, estaremos à mercê da legislação reguladora de toda a evolução cósmica, que em justiça perfeita estabelece a semeadura livre e a colheita obrigatória para todos nós, notadamente no ciclo de reencarnações sucessivas – vida humana – ao qual estamos "presos".

Então, quando fomos criados pelo Criador, como chispas que se desgarraram de uma grande labareda, já nascemos com um núcleo central, nossa mônada, única, divina, imortal, que faz parte da gênese criativa dos espíritos. Este fulcro vibratório tem a potencialidade de Deus em estado permanente de germinação, cabendo a nós o arado do jardim e o plantio para que um dia sejamos arquitetos siderais. Ou seja, nos diferenciamos deste todo cósmico, mas ainda não adquirimos prontamente consciência, faltando-nos a individuação como seres pensantes independentes.

É oportuno registrarmos que na longa jornada evolutiva, até chegarmos a animar o corpo físico humano atual, a gradação biogenética permitiu que nossos espíritos adquirissem meios de manifestações tangíveis da inteligência; o cérebro e a caixa craniana, enfim, a cabeça, são aspectos objetivos e fisiológicos para a expressão da mente, ente extrafísico, atemporal, imortal e imaterial, ao contrário de como percebemos no plano concreto. A mente é o veículo de manifestação de nosso Ori que está relacionado com a glândula pineal, no meio de nossa cabeça, no sentido energético vibracional mais intenso. Por isso é considerada o centro orgânico da mediunidade e, assim, cultuamos a cabeça – Ori – na Umbanda. O rito mais conhecido de culto a Ori é o amaci, lavagem da cabeça com o sumo decorrente da maceração de folhas verdes, que abordaremos mais adiante.

No entorno do Ori, enfeixado no campo eletromagnético que se forma envolvendo a glândula pineal, temos a influência dos Orixás que estruturam nosso Eledá a cada encarnação. Não confundamos Eledá, que é diferente a cada nova vida na carne, com Orixá ancestral, que é o mesmo sempre e nunca se altera. Poucas entidades espirituais, raríssimos sacerdotes, conseguem diagnosticar qual o Orixá ancestral de cada criatura. Basicamente, o Orixá de frente ("dono" da cabeça) e o Orixá adjunto, literalmente na frente e atrás da cabeça, nos irradiam se equilibrando mutuamente.

Temos que entender que a maior parte da mente é inconsciente e que, antes de reencarnarmos, nosso Ori será sensibilizado com a "frequência" primordial dos Orixás – em conformidade ao manuseio dos técnicos astrais, mestres cármicos ou babá eguns, ancestrais ilustres – que necessitamos trabalhar na presente vida carnal, para nosso próprio melhoramento íntimo, de acordo com o plano de provas que temos que vivenciar. A cada vez que reencarnamos, altera-se a influência dessas energias primordiais, que podemos didaticamente dizer que são "matérias primeiras" formadoras do núcleo intrínseco do espírito – ipori. Em verdade, temos que atingir um estágio de consciência e de evolução em que vibremos em uníssono com todos os Orixás, assim como Jesus se fazia unidade com o Pai.

É por intermédio do inconsciente profundo e do subconsciente que somos influenciados por nosso Ori e daí pelos Orixás componentes do Eledá – "massa" energética divina –, que é "moldável" a cada vez que retornamos à carne, nos auxiliando a evoluir.

Logo, os Orixás de frente e adjunto (ainda não nos referimos aos falangeiros, que são espíritos) influenciam-nos em toda a existência humana através do inconsciente, num processo de "comunicação" subjetiva ou mensagens subliminares que afluem em trânsito para a zona da consciência e, assim, se impulsionam para a memória perene. Entendemos que as funções do cérebro consequentes da atividade da mente são resultantes de uma ação indivisível, holística, na qual o sistema nervoso central funciona como um todo, garantindo a integridade do organismo. Dessa forma, concluímos o método de registro de estímulos que afluem do inconsciente para o consciente, onde a mente é o motor que estimula as conexões cerebrais, indo buscar muitos significados na sede da memória atemporal.

O sistema de memória humano depende de uma área de armazenamento, uma central de registros em termos de comportamento, cognição e emoção, que por sua vez "automatiza" nosso modo de ser. A percepção e a consciência muitas vezes dependem de "relembrar" pela evocação das experiências vivenciadas e significativas, decorrência das informações arquivadas no subconsciente profundo que são reativadas através dos rituais de dramatização de mitos simbólicos e arquétipos, como o são as rito-liturgias de

Umbanda, que fazem com que "memorizemos" novamente nossos dons e aptidões divinas, automatizando-os em nosso psiquismo periférico tanto mais repitamos o rito propiciatório, que impacta em nós conscientemente aqui e agora. Assim, os Orixás estabelecem em nós um modo de ser e o fazem juntamente com o grande comunicador que abre e fecha os caminhos em nossas encruzilhadas psíquicas internas (inconsciente x consciente), Exu, igualmente aspecto divino e princípio dinâmico de individualização.

O conceito de amor e bondade, de caráter benevolente e moral, surge, ou deveria surgir, conforme vamos nos espiritualizando e fortalecendo nosso Ori à luz da educação da consciência sob as Leis do Cosmo. Temos o livre-arbítrio, que é muito mais amplo que o mero poder de escolha e nos acompanha como "procuração" com amplos poderes de semeadura, sendo a colheita obrigatória. Desde que adquirimos o primeiro lapso de consciência, adquirimos o direito de uso do livre-arbítrio que, infelizmente, pelo nosso primarismo egoico, pode nos aprisionar em nós mesmos.

O que estamos querendo dizer é que nem sempre o livre-arbítrio nos conduz a termos um bom caráter, o que por vezes "arruína" nosso destino em uma encarnação, nos enredando na teia cármica retificativa que nos coloca no prumo forçosamente, doa a quem doer, uma vez que não existem privilegiados para Deus. Todas as nossas ações, norteadas pelo livre-arbítrio, ocasionam consequência em nosso destino, que é costurado a cada segundo de nossa existência, sem determinismo rígido, pois somos frutos de nossas próprias opções.

Claro está que nosso direito de ação vai até aonde não afetemos o direito do outro. Nossas vidas devem nortear-se por um processo profundo de autoconhecimento psicológico, procurando descobrir suas potencialidades divinas "adormecidas" para que nos tornemos melhores cidadãos, homens e mulheres de bom caráter, espíritos amorosos e conscientes das Leis Divinas.

Os Orixás são forças cósmicas criadas por Deus para nos auxiliar e não para serem despachantes de nossas comezinhas vontades. Esquecemos com facilidade que não podemos adquirir aquilo que não está em nosso destino ou programa de vida, se não tivermos merecimento. Nenhum ser é igual a outro e ninguém pode nos dar aquilo que não é de nosso direito.

Nenhuma divindade, santo, Orixá, guia, pastor, mago, feiticeiro etc. nos dará milagrosamente aquilo que nosso Ori não precisar em conformidade à justiça cósmica e ao destino traçado aos pés do Criador, ao qual pedimos e aceitamos de joelho. Nosso próprio Ori não permitirá e, acima dele, só Deus – Olodumaré.

Exu é o executor do destino, o mediador que dá impulso à humanização

Briga entre Oxalá e Exu

Oxalá e Exu discutiam a respeito de quem era o mais antigo deles. Exu, decididamente, insistiu ser o mais velho. Oxalá, decididamente também, proclamava com veemência que já estava no mundo quando Exu fora criado. O desentendimento entre eles era tal que foram convidados a lutar entre si, diante dos outros Orixás, reunidos numa assembleia.

Então, o dia da luta chegou. Oxalá apoiado em seu poder e Exu contando com a magia de mediador e a força de seus talismãs. Todos os Orixás estavam reunidos.

Oxalá deu uma palmada em Exu e... booom! Exu caiu sentado, machucado. Os Orixás gritaram: "Êpa!".

Exu se sacudiu e levantou-se.

Oxalá lhe bateu na cabeça e ele tornou-se anão. Os Orixás gritaram juntos: "Êpa!".

Exu sacudiu-se e recuperou seu tamanho.

Oxalá tomou a cabeça de Exu e sacudiu-a com violência. A cabeça de Exu tornou-se enorme, maior que seu corpo. Os Orixás gritaram juntos: "Êpa!".

Exu esfregou a cabeça com as mãos e recuperou seu tamanho natural. Os Orixás disseram: "Está bem! Que Exu mostre, por sua vez, seu poder sobre Oxalá". E Exu caminhava pra lá e pra cá. Bateu na própria cabeça e dela extraiu uma pequena cabaça. Então, a abriu e virou na direção de Oxalá. Uma nuvem de fumaça branca saiu da cabaça e descoloriu Oxalá.

Os Orixás gritaram juntos: "Êpa!".

Oxalá se esfregou, tentando readquirir sua antiga cor, mas foi em vão. Ele falou: "Está bem!". Oxalá desfez o turbante enrolado sobre sua cabeça e, então, tirou seu poder (axé). Tocou com ele sua boca e chamou Exu. Exu respondeu com um sim. Oxalá lhe ordenou: "Venha aqui!".

Exu aproximou-se e Oxalá continuou: "Traga sua cabecinha".

Exu entregou-a nas mãos de Oxalá. Este a tomou firmemente e a jogou em seu saco.

Os Orixás exclamaram: "Êpa!". E disseram: "Oxalá é, sem dúvida, o senhor do poder (axé). O senhor da iniciativa e do poder. Tu és mais antigo que Exu. Tu és maior que Exu. Tu és maior que todos os Orixás. O poder de Oxalá ultrapassa o dos demais. Exu não tem mais poder a exercer".

Exu ganha poder sobre as encruzilhadas

Exu não tinha riqueza, não tinha fazenda, não tinha rio, não tinha profissão, nem artes, nem missão.

Exu transitava pelo mundo sem paradeiro.

Então, um dia, Exu passou a ir à casa de Oxalá.

Ia à casa de Oxalá todos os dias.

Na casa de Oxalá, Exu se distraía, vendo o velho fabricando os seres humanos.

Muitos e muitos também vinham visitar Oxalá, mas ali ficavam pouco, quatro dias, oito dias, e nada aprendiam.

Traziam oferendas, viam o velho Orixá, apreciavam sua obra e partiam.

Exu ficou na casa de Oxalá por dezesseis anos.

Exu prestava muita atenção na modelagem e aprendeu como Oxalá fabricava as mãos, os pés, a boca, os olhos, o pênis dos homens, as mãos, os pés, a boca, os olhos, a vagina das mulheres. Durante dezesseis anos, ali ficou ajudando o velho Orixá.

Exu não perguntava. Exu observava.

Exu prestava atenção.

Exu aprendeu tudo.

Um dia, Oxalá disse a Exu para postar-se na encruzilhada por onde passavam os que vinham à sua casa. Para ficar ali e não deixar passar quem não trouxesse uma oferenda a Oxalá.

Cada vez mais, havia mais humanos para Oxalá fazer.

Oxalá não queria perder tempo recolhendo os presentes que todos lhe ofereciam.

Oxalá não tinha tempo nem para as visitas.
Exu tinha aprendido tudo e agora podia ajudar Oxalá.
Exu coletava as oferendas para Oxalá.
Exu as recebia e as entregava a Oxalá.
Exu fazia bem o seu trabalho e Oxalá decidiu recompensá-lo. Assim, quem viesse à casa de Oxalá também pagaria alguma coisa a Exu.
Exu mantinha-se sempre a postos guardando a casa de Oxalá. Armado de um Ogó, seu poderoso porrete, afastava os indesejáveis e punia quem tentasse burlar sua vigilância.
Exu trabalhava demais e fez ali a sua casa, ali na encruzilhada. Ganhou uma rendosa profissão, ganhou seu lugar, sua casa.
Exu ficou rico e poderoso.
Ninguém pode mais passar pela encruzilhada sem prestar conta a Exu.
O mais novo foi feito o mais velho. Exu é o mais velho, é o decano dos Orixás.

Quando da criação do Universo, o primeiro impulso volitivo divino foi "desdobrar" uma parte de Si, um atributo peculiar: o poder organizador do caos e da vacuidade que presidiria tudo e antecederia a criação e as "coisas" a serem criadas. Este "elemento" primordial, imanente e partícipe de tudo que existe, é Exu. É o que os iorubanos chamam de a primeira estrela criada (ìràwò-àkó-dá). Exu foi o primeiro "Orixá" criado que se manifestou fora do "corpo" de Deus – Oxalá já existia internamente antes de Exu, o que nos remete à conclusão de que Oxalá sempre existiu – para ser ordenador do sistema cósmico. Em verdade, Oxalá é o único Orixá que em essência não foi criado, pois o ato de criação parte da premissa de que o que está sendo criado inexistia antes da criação em si. Ocorre que Oxalá é preexistente em Deus, por isso é o Orixá ordenador da ética, o exemplo de moral para todos nós.

O primeiro mito resolve a lacuna interpretativa existente na cosmogonia nagô, de qual é o primeiro Orixá a ser criado, Oxalá ou Exu. Em verdade, Oxalá forma um par de opostos com Exu. Exu é o que inicia tudo, o começo, e Oxalá é o fim. Enquanto Oxalá é um fomentador da paz e da perenidade, Exu gera a instabilidade e fomenta as mudanças. Até no sincretismo vemos esse par de opostos: Exu foi associado ao diabo católico e Oxalá a Jesus. Lembremos que Exu não faz oposição a Deus na teologia iorubana e os primeiros tradutores desta cultura religiosa foram reverendos que, na falta de tradução adequada do real significado de Exu, o traduziram como símile ao diabo. Eles adotaram uma teologia estranha à de origem, incorrendo em sério erro, muito provavelmente de forma proposital, para aculturar e catequizar. Simbolicamente, Oxalá – como Orixá criador – tem atributos de genitor divino e Exu é o ordenador de todo o sistema.

Estabilidade e instabilidade caminham como dois lados de uma mesma moeda, se assim podemos nos referir, quanto à estabilidade e instabilidade no Cosmo. Neste mesmo instante, quantas estrelas estão sendo criadas e se estabilizando no Universo? E quantas estão deixando de existir, morrendo e tornando-se instáveis? Ou seja, Exu e Oxalá são dois arquétipos que trabalham juntos, um dependendo do outro.

Como nos diz o segundo mito, quando Exu foi à casa de Oxalá, adquiriu saberes e atributos que antes não tinha. Muitos vão a Oxalá, mas não têm paciência de esperar o tempo necessário de aprendizado e acabam indo embora. Assim nós somos, iniciamos muitas vezes as atividades como médiuns em uma corrente e logo desistimos. O aprendizado não é um mero deleite intelectual, mas fruto da persistência, da observação e da prática.

Exu traz consigo a neutralidade e todos os demais atributos divinos. A partir dele, os Orixás puderam "soltar-se" do Criador e mergulharam no "corpo de Deus", um oceano cósmico de fluido vital – prana ou axé –, imergindo nas dimensões vibratórias criadas, num rebaixamento energético e de frequência. Assim vieram até o mundo manifestado terreno, que esotericamente entendemos como forças da natureza.

Neste sentido, Exu é o dono dos caminhos – encruzilhadas – na mais profunda significação, pois é o grande movimento cósmico (mensageiro, mediador e comunicador), permitindo, em conformidade à volição do Criador, a existência da vida em todas as latitudes universais. No processo criativo divino, contínuo e ininterrupto, espíritos são criados e "jogados" para fora do útero genitor – Deus é pai e mãe – e Exu impulsiona estas mônadas primevas (centelhas) a mergulhar no oceano da existência que lhes dará, gradativamente, as formas adequadas para que possam existir nas diversas profundidades ou dimensões. São-lhes ofertados corpos espirituais propícios ao meio que habitarão. E é o próprio Deus que lhes presenteia.

Exu é o guardião de todas as encruzilhadas vibratórias, poder divino concedido por Oxalá, senhor das passagens e pontos de encontro que se cruzam, tangenciam e são subjacentes entre si, compondo as diversas faixas de frequência que pairam no Universo criado. É como se fosse uma gigantesca e infinita malha cósmica (símile a uma rede de pesca), em que cada nó é mantido coeso pela ação de Exu, que assim permite o trânsito em todos os fios que compõem o Cosmo. Nesses nós, encruzilhadas, os caminhos se cruzam; uns vão, outros vêm, é um ir e vir constante, onde são ofertados os muitos caminhos e possibilidades de trânsito entre o Orum – planos espirituais – e o Aiyê – planetas e seus duplos etéreo-astrais.

Na realidade, Exu é um "elemento" – se é que podemos assim defini-lo – constitutivo do Universo, dinâmico, de tudo que existe criado, separado e diferenciado de Deus. Assim como a totalidade da Mente Cósmica Universal, Exu não pode ser isolado e classificado em uma categoria particularizada, eis que em todos os locais, seja em que dimensão vibratória for, ele se encontra. Participa forçosamente de tudo que é manifesto fora do imanifesto – Criador –, sendo o princípio dinâmico propulsor divino. Sem Exu, todo o sistema cósmico seria estático, a luz das estrelas não chegaria aos nossos olhos, não haveria rotação nem translação dos planetas, o Cosmo seria um amontoado de "entulhos" inertes, parados...

No sentido mais restrito de nossas existências, Exu é impulsionador (atributo da vontade divina) da diferenciação de nossos espíritos do todo indiferenciado que é Deus. Assim, Exu é quem mobiliza forças para que uma parte do Todo se torne progressivamente mais distinta e independente – individuação –, diferenciando-se como parte separada e autônoma da totalidade cósmica, do Uno que é Deus, fazendo-nos cada vez mais "unidades autônomas", como gotículas d'água que se soltam e ficam em suspensão no ar quando as ondas batem nos rochedos ou na areia da praia. Assim, neste impulso propulsor de Exu, vamos tornando-nos únicos, diferentes uns dos outros, conforme vamos estagiando nos reinos mineral, vegetal e animal dos diversos orbes do Universo. Se não fosse a força propulsora intrínseca de Exu, não haveria o movimento de rebaixamento vibratório de nossas mônadas ou centelhas espirituais, não se aglutinariam os átomos do plano astral e não conseguiríamos ocupar um veículo adequado a esta dimensão – o corpo astral. E assim ocorre com todos os subplanos espirituais e seus estratos de frequências afins, que existem, bem como seus habitantes, individualizados pela força – atributo divino – de Exu.

Enfim, Exu é o executor de nossos destinos individuais. Daquilo que os hinduístas entendem por queimar carma, inferimos que Exu é o combustível, botando lenha na fogueira da existência humana. Não por acaso, há um epíteto de Exu – *ina* – que significa fogo. Talvez isso tenha também contribuído para associá-lo ao inferno, quando os primeiros clérigos e crentes se depararam com os cultos de louvor a esta divindade nagô realizados com fogueiras, o que é comum na Umbanda; ritos de queima, ponto de fogo e a chamada fundanga – explosão da pólvora para deslocamento de cargas energéticas densas.

Como afirmamos, todos os seres vivos, do Orum ao Aiyê, do imanifesto ao manifesto, do imaterial ao material, indistintamente todas as porções – partes – que se soltaram da totalidade cósmica, espíritos criados, só podem existir pelo fato de possuírem em si a vibração de Exu, que, por sua vez, é um aspecto imanente do próprio Deus – Olodumaré.

Então Exu, como princípio da vida individual humana, seu elemento catalisador e dinâmico, é conhecido como: obara ou bará (oba + ara = senhor do corpo). Assim o mito nos diz, Exu aprendeu a modelagem dos corpos humanos.

Muitos internautas, novos pesquisadores, adeptos, leitores, recebem a informação equivocada de que Exu obara é gerador de prosperidade, riqueza, dinheiro etc. Os olhos dessas pessoas brilham de felicidade, sua vaidade aflora, a dor desaparece, é como se o remédio para todos os seus males estivesse pronto para ser ministrado. Isso é um grande equívoco, pois Exu nos fará cumprir nosso programa de vida, doa a quem doer, e, guardadas as variações possíveis, eis que não existe determinismo fixo, nosso Exu individual está em nós, ele é o executor de nosso destino. Assim, quando almejarmos prosperidade financeira, sucesso, saúde, felicidade, teremos atrelado a isso as mudanças requeridas para conquistá-los, o que não dispensa o trabalho honesto, seja ele qual for. Obara nos empurra na direção das mudanças interiores; para a supressão dos maus hábitos, da mentira, da ignorância, da falta de caráter e educação para com os mais velhos e semelhantes; para a retirada da imposição de atitude, quando você se acha o dono da verdade e ninguém é capaz de demovê-lo dessa ideia.

Inevitavelmente, obara se liga ao Ori, Ori fala de caráter, caráter fala de comportamento, comportamento está ligado a cumprirmos nosso destino e viver uma existência inexoravelmente se relaciona com alegria ou sofrimentos. Estamos em uma colcha de retalhos, tudo e todos estão interligados. Somos consequências de nós mesmos e vivemos em sincronicidade com tudo que nos cerca.

O equilíbrio das forças no interior de cada indivíduo, o alinhamento do Ori Inu (Eu interior) com seu Ori (destino) e o Ìpòrì (Eu superior ou núcleo intrínseco do espírito) levam à riqueza, à prosperidade e à abundância, mas não necessariamente no sentido material de tais conceitos. O princípio central da ética de Ifá é a necessidade de estabelecermos uma boa relação com o mundo que habitamos. A lei da reencarnação impõe-nos retornar o número de vezes que for necessário para desenvolvermos o bom caráter, independente de adotarmos qualquer das religiões terrenas. Assim, antes de voltarmos ao vaso carnal, de recebermos a cabaça da existência (um útero para nos gerar humanos), temos elaborado por nossos Ancestrais Ilustres, Mestres Cármicos, nosso plano de vida, que é minuciosamente planejado.

Para percorrermos caminhos honrados em uma vida carnal, devemos desenvolver atributos específicos do bom caráter e do comportamento ético. Isso implica responsabilidade pessoal, uma natureza gentil e disposição para a humildade. Porém, além disso, é preciso equilibrar as forças internas. O objetivo de uma encarnação é harmonizar nossa consciência com as Leis Cósmicas.

Devemos observar que nosso Exu individual está intrinsecamente ligado ao nosso destino pessoal, ele é o nosso oráculo pessoal. A voz de nossa consciência – Ori – só se expressa em nossos pensamentos através de *insights* intuitivos pela sua ação, que faz o "trânsito" do subconsciente profundo até as zonas conscienciais que tangenciam os estados de vigília. Muitas vezes, traz à tona resíduos cármicos que temos que transmutar, como formas de ressonâncias vibratórias de vidas passadas. Por isso, Exu Obara é o patrono dos caminhos internos, podendo abri-los ou fechá-los de acordo com o contexto e as circunstâncias evolutivas que precisamos vivenciar aqui e agora. Assim, se não tivéssemos sua ação, poderíamos ter até um corpo físico, mas não haveria expressão da consciência, como se fôssemos um mero amontoado de carne vivendo no automatismo orgânico. Enfim, nosso Exu pessoal controla a entrada e a saída de toda a circulação do subconsciente profundo até o consciente, é o senhor de nossas encruzilhadas, cumprindo o papel de "centro de comunicações", executando e regulando o trânsito de "estímulos", percepções ou "inputs" sensoriais, exercendo sua função cósmica de princípio de reparação, fazendo-nos auferir tudo que é de nosso merecimento e ao mesmo tempo impondo-nos que restituamos tudo que negligenciamos perante as Leis Cósmicas, doa a quem doer; na saúde e na enfermidade, na alegria e na tristeza, no sofrimento e na felicidade, Exu Obara sempre estará conosco, sendo reflexo de nós mesmos perante o Criador.

Consideremos que o poder volitivo divino se expressa também através dos Orixás – aspectos diferenciados do próprio Deus –, que, por sua vez, fazem-se "pares" com Exu, assim como a polaridade positiva se equilibra com a negativa, tal qual o passivo se complementa com o ativo.

Olodumaré (Deus) criou Exu dele mesmo, de tal maneira que Exu existe em tudo e "reside" em cada ser individualizado.

É preciso elucidar Exu no sentido oculto, metafísico, esmiuçando seus fundamentos cósmicos e seu real papel em nossas existências, escoimando os conceitos equivocados que estão, infelizmente, consagrados no senso popular. Exu é um aspecto divino, literalmente atributo de Deus, e não se opõe ao Criador como o diabo das religiões judaico-católicas. Talvez esteja aí o nó górdio, a metáfora insolúvel na perspectiva da aculturação eclesiástica que se instituiu nas massas populares no Brasil, pois a cultura original africana, especificamente a nagô, a religiosidade aborígene dos iorubás, não é maniqueísta, não existindo a dualidade entre o bem e o mal na criação. Em verdade, o bem e o mal não existem e são frutos da consciência, que percebe ou não as circunstâncias a sua volta sob este olhar, eivado de culpas, pecados e sentenças infernais. Obviamente que existem Leis Cósmicas reguladoras de nossa evolução, que preveem equilíbrio em todo o sistema universal, independente dos dogmas religiosos terrenos – causa e efeito, ação e reação, livre-arbítrio, merecimento...

No tocante ao mediunismo de terreiro, a vibração imanente de Exu consiste em uma ação contínua, que soluciona, mobiliza, transforma, comunica, encontra caminhos apropriados e justos para que nosso destino seja concretizado em conformidade ao seu planejamento, abrindo e fechando "portais", de acordo com as experiências específicas atribuídas a cada indivíduo em seu programa de vida, trazendo as mensagens, tal qual carteiro preciso e incansável, do nosso subconsciente profundo (ipori) ao consciente (ori), indicando os caminhos necessários para que realizemos os passos pelo nosso esforço pessoal.

Cada um de nós, indivíduos constituídos na criação divina, nascidos e reencarnados, tem em si a vibração de Exu. É um processo vital, equilibrador, impulsionado e controlado pelo nosso "guardião interno", baseado na absorção e restituição energética, sem o qual nosso corpo astral não teria força magnética centrípeta para se manter "acoplado" ao duplo etéreo e este ao corpo físico, interagindo com suas emanações metabólicas. Em contrário, haveria o desfalecimento geral orgânico – morte. Obviamente que a matriz eletromagnética astralina que envolve nossas auras, que por sua vez "contém" o corpo astral, tem uma força motriz peculiar

– Exu – que faz com que as moléculas do plano astral se aglutinem, aproximando-se umas das outras e "plasmando" o próprio corpo astral, que é o veículo afim de expressão de nossos espíritos – consciência – nesta dimensão. Podemos inferir que Exu é a mão que pega o pincel e "joga" as tintas na tela em branco, dando-lhes forma. Sem ele, o quadro não seria pintado. Por isso, o aforismo popular nos terreiros: na Umbanda, sem Exu, não se faz nada.

Na concepção, um só espermatozoide, entre milhões, traz a carga genética (DNA) necessária para que o futuro corpo físico que habitaremos seja exatamente o adequado às experiências pelas quais, na condição de reencarnantes, teremos que passar. A força propulsora de Exu "imprime" uma espécie de molde etéreo do corpo físico a ser formado e a partir disso as divisões celulares começam; os processos de interface, até a mitose. Há que se dizer que existem ajustes feitos pelos mestres cármicos em conformidade ao "carrego" que o corpo astral e mental – Ori – do reencarnante traz de vidas passadas e que precisam ser trabalhados no atual plano de vida na matéria carnal.

Assim é Exu, princípio dinâmico da individuação e da existência individualizada, tanto no macrocosmo, participando dos processos de gênese dos espíritos, quanto no microcosmo orgânico humano. Exu tem a função de desenvolver e expandir a existência de cada indivíduo impulsionando-o à evolução, também no sentido de retorno ao Criador – eu e o pai somos um, disse o Mestre – como fonte inesgotável de bem-aventurança.

Existe um fluxo contínuo de distribuição e reposição de fluido vital, que nos propicia saúde corporal e sanidade mental. Por vezes, isso é distorcido por meio de atos magísticos negativos e ficamos fragilizados, tropeçando nas pernas, com passos trôpegos, inseguros e até acamados pela enfermidade que se instala. Desta feita, são necessários certos preceitos e ritos para reajustarmos o reequilíbrio de nosso sistema interno, psicobiofísico e por vezes mediúnico, quando os falangeiros, nossos abnegados guias e protetores espirituais agem, se do nosso merecimento, juntamente com as entidades Exus, corrigindo o desequilíbrio, doa a quem doer, eis que o maniqueísmo do bem e do mal não existe quando Exu age restituindo o que foi tirado injustamente.

Objetivamente, Exu tem a função de equilibrador de todo o sistema cósmico, desde o macro até o micro, como bem diz um provérbio – ele fica em pé em cima de uma formiga. Assim, quem deve paga e quem merece recebe, nem um centavo a mais ou a menos, Exu sempre quitando as dívidas. Para uns, ele é sinônimo de caminhos abertos, para outros pode ser de porteiras fechadas, mas sempre dinâmico e atuante.

Diante de tudo que expomos até aqui, podemos concluir que Exu, em seu sentido metafísico e oculto à grande maioria das massas presas no imediatismo do intercâmbio mediúnico com espíritos que se dizem ser Exu, mas não o são verdadeiramente, uma vez que, para aqueles que presumem saber como ele é, ele não se mostra, e para aqueles que são convictos de que ele não existe, ele aparece, assim como carrega o azeite do mercado numa peneira, todos os seres vivos, do Orum ao Aiyê, do imanifesto ao manifesto, do imaterial ao material, indistintamente todas as porções – partes – que se soltaram da totalidade cósmica, espíritos criados, só podem existir pelo fato de possuírem em si a vibração de Exu, que por sua vez é um aspecto imanente do próprio Deus – Olodumaré.

Como falamos anteriormente, Exu, como princípio da vida individual humana, seu elemento catalisador e dinâmico, é conhecido como: obara ou bará (oba + ara = senhor do corpo).

Se cada ser criado não tivesse em si Exu, não poderia existir, pois não teria força propulsora para se individualizar. Por isso, na Umbanda, se diz que Exu é o agente mágico universal.

Claro está que, se Exu atua na condensação energética, para que os espíritos estagiem e "vivam" em frequências vibratórias de alta densidade, como a humana, através da força intrínseca que formam os corpos e veículos adequados, também ocorre o contrário: quando "morremos", nos "forçam" a nos localizarmos na encruzilhada vibracional com que temos afinidade e direito de estar, consequência do "peso específico" do nosso corpo astral que se liberta do carnal, sendo atraído para o endereço que lhe é morada de direito. Exu faz este movimento, esta comunicação, como uma encomenda que sai do remetente e chega ao destinatário.

Então, Exu é "proprietário" da força, o princípio e poder de realização. É ele que dá o impulso para a diferenciação dos seres criados, fazendo-nos adaptados a cada plano vibratório, do mais sutil ao mais denso e vice-versa; eis que tudo que sobe desce e tudo que abre fecha, assim é Exu.

Exu é o executor do destino. Ou seja, recebemos um programa de vida a ser implementado durante nossa existência em um corpo físico. Temos realizações a serem implementadas. Vamos prestar contas aos nossos Ancestrais Ilustres quando retornamos ao Orum – plano espiritual. Por vezes, "esquecemos" completamente nossos compromissos e recaímos em condicionamentos que nos imantam e puxam para baixo, para o primarismo animal. Exu está sempre a postos, guardando a casa de Oxalá, ou seja, seus ensinamentos e ditames éticos e morais. Exu é incorruptível, por isso é rico e poderoso frente às Leis Cósmicas. Ninguém burla sua vigilância nas encruzilhadas das existências. Se tentarmos lograr nosso próprio destino, inexoravelmente, mais cedo ou mais tarde, seremos "punidos". Podemos angariar benefícios em nosso imediatismo usando meios fáceis, como o são as magias e trabalhos que distorcem os fundamentos que regulam a vida humana e do mundo espiritual, mas inexoravelmente, quando deixarmos de habitar a roupa de carne transitória, lá estará Exu em nossa próxima encruzilhada vibratória, nos colocando no lugar que nos é devido pelo nosso merecimento.

Oxalá julga quem vai renascer, e como

Ajalá modela a cabeça do homem

Odudua criou o mundo, Oxalá criou o ser humano.

Oxalá fez o homem de lama, com corpo, peito, barriga, pernas, pés. Modelou as costas e os ombros, os braços e as mãos. Deu-lhe ossos, pele e musculatura. Fez os machos com pênis e as fêmeas com vagina, para que um penetrasse o outro e assim pudessem se juntar e se reproduzir. Pôs na criatura coração, fígado e tudo o mais que está dentro dela, inclusive o sangue.

Olodumaré ordenou a Ajalá que completasse a obra criadora de Oxalá. Assim, é Ajalá quem faz as cabeças dos homens e das mulheres. Quando alguém está para nascer, vai à casa do oleiro Ajalá, o modelador de cabeças.

Ajalá faz as cabeças de barro e as cozinha no forno. Se Ajalá está bem, faz cabeças boas. Se estiver bêbado, faz as cabeças malcozidas, passadas do ponto, malformadas.

Cada um escolhe sua cabeça para nascer. Cada um escolhe o Ori que vai ter na Terra. Cada um escolhe seu Ori.

Deve ser esperto, para escolher cabeça boa. Cabeça ruim é destino ruim, cabeça boa é riqueza, vitória, prosperidade, tudo que é bom.

Nota: sobre Odudua, ver *Igbadu – a Cabaça da Existência, mitos nagôs revelados*, de José Beniste (Editora Bertrand). Ajalá e Obatalá são considerados Orixás Funfun (do manto branco). Notadamente nas "umbandas", todos esses epítetos estão sob a chancela de Oxalá. Em verdade, Oxalá, por ser o Orixá mais "velho", é considerado o pai de todos os demais Orixás.

Os mitos são metáforas. Quando nos inebriamos com os prazeres do mundo, não "fabricamos" uma cabeça boa. A cada momento estamos construindo nossos destinos, assim como o oleiro molda o barro. Temos livre-arbítrio, logo liberdade de escolha se vamos ter um Ori bom ou ruim.

O conceito de Ori relaciona-se à consciência, condição essencial para sermos espíritos plenamente individualizados. Concedem-nos um destino os nossos Ancestrais Ilustres, Mestres Cármicos ou Babá Eguns, o que não é determinismo, e sim algo benéfico e necessário para nós, espíritos estagiando no ciclo da vida que entendemos como humanizado, indispensável para completarmos nosso estágio existencial evolutivo entre as reencarnações sucessivas.

A cada encarnação viemos com um plano de provas – não confundir com pecado, punição e sofrimento impostos pela cultura judaico-católica –, no qual ocupamos um novo corpo físico e animamos mais uma personalidade transitória.

Obviamente que, a cada vez que retornamos ao vaso carnal, temos um programa de vida detalhadamente elaborado, o que não significa, repetimos, determinismo inexorável, pois, se assim o fosse, seríamos como robôs com uma programação de fábrica, sem margem para o livre-arbítrio alterar as causas geradoras de efeitos cármicos – negativos –, passando-as para retornos positivos que nos libertam da inferioridade humana – darma.

Inexoravelmente, somos impulsionados à felicidade e a cultura espiritualista de ter-se que "queimar carma", como mote de sofrimento, nos parece uma distorção na interpretação das Leis Divinas, decorrentes do amor. Claro está que somos responsáveis por nossos atos e suas consequências. Enquanto não aprendermos a manejá-las adequadamente, certo que também sofreremos. Entendemos que Deus não é "maniqueísta" e muito menos faz apologia do sofrimento. Em verdade, temos muito medo de sermos felizes no aqui e agora, pelos profundos condicionamentos subconscientes de culpas e pecados que enraizaram em nós recalques e traumas, notadamente pela exposição às religiões sentenciosas ainda existentes no mundo.

Obatalá é o criador dos seres humanos que povoam a Terra. No Brasil, ele é o Orisà nlá, que, por contração, dá Oxalá, o "Deus" Grande. A vida e a morte abrigam-se embaixo de seu pálio branco. Na irradiação deste aspecto divino do Criador, somos julgados por nossos atos, por isso ele é o Pai da Humanidade. É o criador dos corpos físicos e, simbolicamente, molda o barro primordial para que Olodumaré – Deus – insufle nele o princípio vital, representado pela respiração, que nos dá a vida humana.

Muitos espíritos aguardam o momento de reencarnar, mas nem todos têm o direito adquirido de obter esta permissão divina. Recebemos o corpo físico adequado para as experiências que precisamos viver na carne. É uma dádiva estarmos reencarnados, uma misericórdia e compaixão. Mais uma vez afirmamos, ao contrário do que muitas doutrinas castradoras imputam: não somos punidos com os ciclos da vida humana, pois isso seria um masoquismo das Leis Cósmicas, que são perfeitas. Temos o direito e podemos buscar honestamente ser felizes, esforçando-nos para interiorizar atributos de bom caráter, caminho aberto para a plenitude do ser.

A gratidão pela existência, pelos corpos que temos, pela vida humana, é o primeiro passo para irmos aos poucos libertando-nos de tanta culpa, recalques e traumas que trazemos no inconsciente. Muitos deduzem que, se estamos num mundo de "provas e expiações", só podemos sofrer. Nunca é demais lembrar que o "céu" ou o "inferno" são estados íntimos de cada ser. A aventurança e os estados beatíficos da consciência partem de dentro para fora, nunca de fora para dentro. Se renascemos neste planeta é por amor do Criador e, tenhamos convicção, estamos no local certo para nosso próprio melhoramento.

Como dissemos anteriormente, Oxalá é a mais antiga das divindades da cosmogonia nagô. Este Orixá foi "gerado" diretamente de Olodumaré e a partir d'Ele os demais Orixás "nasceram", em todos os subplanos vibratórios do Orum – mundo espiritual. A cor branca representa seu alto grau de moralidade e a pomba nos remete à paz, misericórdia e compaixão que emanam de Oxalá. Assim, nada mais natural que Jesus seja associado a esses atributos, estando definitivamente vinculado a Oxalá. O Jesus humano foi o mais perfeito catalisador desta irradiação divina. O calvário de Jesus é símile a duas lendas de Oxalá: a primeira quando em viagem ao reino de Xangô é aprisionado e a segunda quando Oxalá, convivendo com os seres humanos nos primórdios do mundo, foi invejado e traído por um servo, tendo seu corpo sido fragmentado em uma armadilha e posteriormente recomposto por Olodumaré em todos os subplanos vibratórios do Orum, algo símile à "ressurreição" bíblica de Jesus após a crucificação.

É importante registrarmos que, se para os cristãos o evangelho de Jesus é o mais alto tratado moral a ser seguido, Oxalá para os iorubás é o mais alto grau de moralidade, merecedor de todo o respeito, sendo o modelo ético a ser perseguido pelos homens em seus comportamentos na vida humana.

Na Umbanda, pela sua capacidade de síntese e convergência na diversidade, cabe perfeitamente ser cristão e cultuar os Orixás, complementando-se reciprocamente os ensinamentos do Evangelho e do corpo literário de Ifá, o que não significa necessariamente sincretismo, pois temos "umbandas" que não são sincréticas com o catolicismo e Jesus é o representante maior de Oxalá na teologia que formulam e que baseia todos os ritos e liturgias religiosas praticados. O Evangelho veio para somar e cabe perfeitamente sua associação a outras doutrinas, reforçando os aspectos éticos e morais, como bem disse o Divino Mestre: "não pensem que vim revogar a lei. Não vim para revogar, vim para cumprir".

Omulu e o "carrego" de vidas passadas, doenças e enfermidades retificativas

Omulu cura todos da peste e é chamado Obaluaiê

Quando Omulu era um menino de uns doze anos, saiu de casa e foi para o mundo fazer a vida. De cidade em cidade, de vila em vila, ele ia oferecendo seus serviços, procurando emprego, mas não conseguia nada. Ninguém lhe dava o que fazer, ninguém o empregava. E ele teve que pedir esmola, mas ao menino ninguém dava nada, nem do que comer, nem do que beber.

Tinha um cachorro que o acompanhava e só. Omulu e seu cachorro retiraram-se no mato e foram viver com as cobras. Omulu comia o que a mata dava: frutas, folhas, raízes. Contudo, os espinhos da floresta feriam o menino e as picadas de mosquito cobriam-lhe o corpo. Omulu ficou coberto de chagas. Só o cachorro confortava Omulu, lambendo-lhe as feridas.

Um dia, quando dormia, Omulu escutou uma voz: "Estás pronto. Levanta e vai cuidar do povo". Então, Omulu viu que todas as feridas estavam cicatrizadas. Não tinha mais dores nem febre. Ele juntou as cabacinhas, os atós, onde guardava água e os remédios que aprendera a usar com a floresta, agradeceu e partiu.

Naquele tempo, uma peste infestava a Terra. Por todo lado estava morrendo gente. Todas as aldeias enterravam seus mortos.

Os pais de Omulu foram ao babalaô e ele lhes disse que Omulu estava vivo e que traria a cura para a peste.

Em todo lugar aonde chegava, a fama precedia Omulu. Todos esperavam-no com festa, pois ele curava. Os que antes lhe negaram até mesmo água de beber, agora imploravam por sua cura. E ele curava todos, afastava a peste.

Então, dizia que se protegessem, levando na mão uma folha de dracena, o peregum, e pintando a cabeça com efum, ossum e uági, os pós branco, vermelho e azul usados nos rituais e encantamentos. Curava os doentes e com o xaxará varria a peste para fora da casa, para que a praga não pegasse outras pessoas da família. Limpava casas e aldeias com a mágica vassoura de fibras de coqueiro, seu instrumento de cura, seu símbolo, seu cetro – o xarará.

Quando chegou em casa, Omulu curou os pais e todos estavam felizes. Todos cantavam e louvavam o curandeiro e todos o chamaram de Obaluaiê, todos davam vivas ao Senhor da Terra, Obaluaiê.

Orixá da transformação, agente cármico a que todos os seres vivos estão subordinados, rege a "reconstrução de corpos", nos quais os espíritos irão reencarnar, pois todos nós temos o corpo físico de acordo com nossa necessidade de reajustamento evolutivo.

O sentido simbólico e mítico da "peste que infesta a Terra" nos remete à nossa baixa gradação espiritual, pois ainda estamos presos ao primarismo sensório dos apelos animalizados. Trazemos em nós um "carrego" de vidas passadas que é necessário que seja "escoado" durante a encarnação. Muitos espíritos aguardam na fila para poderem voltar à materialidade terrena e vivenciar novas experiências que lhes oportunizem vencer a si mesmos.

Assim, todas as doenças físicas às quais estamos sujeitos são necessárias ao fortalecimento de nossos espíritos. Omulu não causa doença, ao contrário, ele a leva embora, a "devolve" para a terra através do corpo físico transitório, que inevitavelmente retornará à natureza. Corresponde à nossa necessidade de compreensão do carma, da regeneração, da evolução, de transformações e transmutações existenciais.

Representa o desconhecido e a morte, a terra para onde voltam todos os corpos, e que não guarda apenas os componentes vitais, mas também o segredo do ciclo de nascimento e desencarne. Ao estarmos novamente ocupando um corpo físico, que se formou em consequência de nosso corpo astral – perispírito –, a fisiologia orgânica será um "mata borrão", sofrendo o impacto vibratório daquilo que está marcado anteriormente neste veículo mais sutil.

Em conformidade ao nosso plano de vida, elaborado pelos nossos Mestres Cármicos, os técnicos astrais sensibilizam certos fulcros vibracionais do corpo astral, chacras e nadis, implementando ou minimizando as doenças que teremos que experienciar. Cada caso é único e incomparável. Omulu é o Orixá que rege a cura profunda, perene, espiritual, nos ciclos de existência humana e se pronuncia em todo o período que ficaremos encarnados.

É o Orixá da misericórdia e temos em Jesus – o Mestre, o Grande Curador Crístico – o maior exemplo desta vibração cósmica; notadamente, está presente nos leitos dos hospitais e nos ambulatórios, nos leprosários e oncologias, e seus legionários (entidades), à sua invocação, nos momentos dolorosos das enfermidades, podem significar a cura física ou não, o alívio e a recuperação da saúde orgânica, de acordo com o merecimento individual e a Lei Divina.

Conhecido como médico dos pobres, é o grande curandeiro da Umbanda, é o Orixá "patrono" da linha das almas, nossos amorosos pretos velhos. Com seu instrumento ritual, o xaxará (feixe ou maço de palhas da costa, enfeitado com búzios), retém a enfermidade e a leva de volta à terra, oferecendo a cura em troca. Atua em locais de manifestação de doentes, tais como hospitais. Seus falangeiros, que atuam em sua vibratória, não permitem que espíritos vampirizadores se "alimentem" do duplo etéreo daqueles que estão próximos ao desencarne. Auxiliam também os profissionais da saúde, das terapias holísticas e afins, bem como aliviam as cargas pesadas dos médiuns adquiridas em seus trabalhos curativos de caridade.

No Brasil, foi sincretizado com o Orixá Iku – morte –, raramente cultuado na Umbanda. Assim, acabou equivocadamente sendo vinculado ao cemitério. Em sua essência primeva, e de acordo com o corpo literário de Ifá, é o Senhor da Terra, mas não tem atuação neste ponto de força que conhecemos como calunga – cemitérios.

CAPÍTULO 6

PRIMEIRO CICLO
O RETORNO AO CORPO FÍSICO

Olurum mandou Oxalá de volta à Terra para plantar árvores e dar alimentos e riquezas aos homens

E veio a chuva para regar o solo.
Foi assim que tudo começou.
Durante uma semana de quatro dias, Oxalá criou o mundo e tudo que exis te nele.

O próprio Oxalá, na qualidade de oleiro divino (Ajalá), ficou encarregado da "fabricação" dos corpos através do barro primordial. Claro está que não voltamos para sofrer, embora isso possa ocorrer. A cada encarnação, viemos com um plano de provas – não confundir com o pecado, a punição e a sentença pétrea de sofrimento impostos por vezes pela cultura espírito-judaico-católica. Ocupamos um novo corpo físico e animamos mais uma personalidade transitória para nosso melhoramento íntimo, de caráter, na busca incessante da plenitude do espírito, da qual a felicidade é uma consequência. O momento que vai da concepção até por volta de sete anos é crucial para a consecução positiva de nosso plano de vida. Tudo inicia nessa etapa, como a chuva ao cair rega o solo, símile ao jato de esperma de nosso pai no interior de nossa mãe durante o concurso amoroso, regando o útero para que fertilize e nos traga riqueza, pois nascer é compartilhar a abundância cósmica da criação.

É nesta primeira fase que os pais mais imprimem seu amor aos filhos (ao menos sempre deveriam) e é por volta do sétimo aniversário após o nascimento que se completa o processo de reencarnação que começou na concepção. Este é o primeiro ciclo da existência humana em nossa abordagem dos ciclos de vida com os Orixás.

Oxum e o recebimento da cabaça da existência, concepção e gestação

Oxum faz as mulheres estéreis em represália aos homens

Logo que o mundo foi criado, todos os Orixás vieram para a Terra e começaram a tomar decisões e dividir encargos entre si, em conciliábulos em que somente os homens podiam participar.

Oxum não se conformava com essa situação. Ressentida pela exclusão, ela se vingou dos Orixás masculinos. Condenou todas as mulheres à esterilidade, de modo que qualquer iniciativa masculina no sentido da fertilidade era fadada ao fracasso. Por isso, os homens foram consultar Olodumaré. Estavam muito alarmados e não sabiam o que fazer sem filhos para criar nem herdeiros para quem deixar suas posses, sem novos braços para criar novas riquezas e fazer guerras e sem descendentes para não deixar morrer suas memórias.

Olodumaré soube, então, que Oxum fora excluída das reuniões. Ele aconselhou os Orixás a convidá-la, e também às outras mulheres, pois sem Oxum e seu poder sobre a fecundidade, nada poderia ir adiante.

Os Orixás seguiram os sábios conselhos de Olodumaré e assim suas iniciativas voltaram a ter sucesso.

As mulheres tornaram a gerar filhos e a vida na Terra prosperou.

Oxum é a "Deusa" das águas doces e frescas, divindade do rio Oxum, na Nigéria. É o Orixá do ouro, do mel, da beleza, do amor e da gestação. Exu é o Orixá responsável pela inseminação, ou seja, pelo movimento de busca do espermatozoide pelo óvulo no meio aquoso uterino, até a concretização da fecundação, quando a membrana do óvulo é rompida e a "cabeça" do espermatozoide a penetra. A partir daí a regência passa a Oxum, que protege o feto durante a gestação. Após o nascimento, a regência passa a Iemanjá – tema do próximo capítulo.

A ela – Oxum – pertence o ventre da mulher (lembrando que o feto se desenvolve dentro de uma bolsa d'água). Oxum rege também a ovulação, a menstruação, a gravidez até o parto. E desempenha importante função nos ritos de iniciação na Umbanda, pois todo nascimento espiritual é o Orixá que, como mãe dadivosa, nos faz "gestar" o novo que nascerá em nós matando o velho, fazendo-nos evoluir conscienciogicamente.

Na Umbanda, existe um equilíbrio entre o feminino e o masculino na relação com o Sagrado. Não esqueçamos que Deus é Pai e Mãe. Louvamos e cultuamos as grandes Mães e Oxum é uma delas. Assim deveria ser em todas as religiões, não deveríamos ter preconceito de gênero e disputa de poder sacerdotal. Infelizmente, a mulher continua sendo estigmatizada e impedida de oficiar ritos em doutrinas eminentemente patriarcais.

O poder de gestação é feminino. Nenhum de nós nasce sem ter sido acolhido num útero – a cabaça da existência humana. Antes de reencarnar, recebemos de Orunmilá, o Senhor do Destino, uma "cabaça" que é colocada em nossas mãos. Dentro dela está tudo que vivenciaremos durante nossa vida humana. Ao retornarmos, no momento em que o espermatozoide de nosso pai rompe a membrana do óvulo, Oxum assume, ela é a "dona" do útero, a senhora da maternidade, do amor-doação, do equilíbrio emocional, da concórdia, da complacência, da sensibilidade, da delicadeza e da polidez.

Muitas vezes, por motivos vários, os espíritos envolvidos no enredo de pai, mãe e filhos são antagônicos entre si, ferrenhos inimigos de vidas passadas. Naturalmente, acontecem choques vibratórios quando o reencarnante está no útero da mãe. Embora tenha sofrido a redução perispiritual para o acoplamento e a formação do embrião e do feto, a consciência do espírito por vezes continua "desperta", não totalmente adormecida. O total esquecimento só se dará por volta de sete anos, quando finda totalmente a união do espírito reencarnante (corpo astral) com o novo corpo físico.

Durante a gestação não é incomum ocorrerem obsessões entre mãe e filho, ou pai e filho. Também é acontecimento não tão raro de obsessores do lado de lá serem contrários ao renascimento. Não por acaso, a vibração de Oxum é apaziguadora, amorosa e complacente, minimizando estes novelos cármicos que acompanham a nossa volta para os corpos físicos. Fato corriqueiro nos terreiros de Umbanda são as benzeduras em grávidas, notoriamente pelas pretas velhas e caboclas das águas. É o axé do poder gerador feminino.

Oxum é a grande dama do amor e da fecundidade. Rainha de todos os rios, fontes, cachoeiras e cascatas. Com suas águas fertiliza a terra árida, assim como as mulheres fecundas formam as placentas. Os ovos são símbolos da gestação e o mel das abelhas, da fertilidade, e ambos os elementos são deste Orixá.

Ela é essencialmente a "deusa" nagô da fecundidade. É a rainha das crianças nascituras, as quais protege. As lendas ligadas à cosmogonia e à gênese dizem que no tempo da criação, quando

Oxum estava vindo das profundezas do Orum (plano espiritual), Olodumaré confiou-lhe o poder de zelar pelas crianças que nasceriam dos Orixás na Terra. Oxum seria a provedora das crianças, devendo fazer com que permanecessem nos ventres de suas mães. Há que se considerar, no contexto histórico em que essas narrativas foram criadas, que quanto maior o número de filhos, maior seria a riqueza, pois os pais teriam mais "braços" para o trabalho agrícola. Oxum ficou responsável por assegurar medicamentos e tratamentos adequados para evitar abortos.

O processo de gestação é muito importante e, mesmo depois do nascimento, Oxum é a responsável para que a criança seja saudável, tanto na parte cognitiva como psicomotora; obviamente que, dentro do planejado para o futuro nascituro, existem exceções, haja vista as especificidades que nos diferenciam uns dos outros, nossos "carregos" que trazemos de vidas passadas. É óbvio que, se Omulu contemplou o corpo físico com algum estigma físico, Oxum zelará pela gestação em conformidade ao que foi definido anteriormente à concepção.

Iemanjá e o rompimento da placenta, nascimento com a grande mãe do Ori

Iemanjá cura Oxalá e ganha o poder sobre as cabeças

Quando Olodumaré fez o mundo, deu a cada Orixá um reino, um posto, um trabalho. A Exu deu o poder da comunicação e a posse das encruzilhadas. A Ogum deu o poder da forja, o comando da guerra e o domínio dos caminhos. A Oxossi entregou o patronato da caça e da fartura. A Obaluaiê deu o controle das epidemias. Deu a Oxumarê o arco-íris e o poder de comandar a chuva, que permite as boas colheitas e afasta a fome. Xangô recebeu o poder do trovão e o império da lei. Iansã ficou com o raio e o reino dos mortos. Olodumaré deu a Oxum o zelo pela feminilidade, pela riqueza material e pela fertilidade das mulheres – deu a Oxum o amor. Obá ganhou o patronato da família e Nanã, a sabedoria dos mais velhos, que ao mesmo tempo é o princípio de tudo, a lama primordial com que Oxalá modela os homens. A Oxalá deu o privilégio de criar o homem, depois que fez o mundo. Para Iemanjá, Olodumaré destinou os cuidados de Oxalá.

Para a casa de Oxalá, foi Iemanjá cuidar de tudo: da casa, dos filhos, do marido, da comida, enfim. Iemanjá nada mais fazia do que trabalhar e reclamar.

Se todos tinham algum poder no mundo, um posto pelo qual recebiam oferendas e homenagens, por que ela deveria ficar em casa, feito "escrava"?

Iemanjá não se conformou. Ela falou, falou e falou nos ouvidos de Oxalá. Falou tanto que Oxalá enlouqueceu. Seu Ori, sua cabeça, não aguentou o falatório de Iemanjá.

Iemanjá deu-se conta, então, do mal que provocara e cuidou de Oxalá até restabelecê-lo. Cuidou de seu Ori enlouquecido, oferecendo-lhe água fresca, obis deliciosos e frutas dulcíssimas. E Oxalá ficou curado.

Então, com o consentimento de Olodumaré, Oxalá encarregou Iemanjá de cuidar do Ori de todos os mortais. Iemanjá ganhara, enfim, a missão tão desejada – agora ela era a senhora das cabeças.

Nas religiões afro-brasileiras e na Umbanda é consagrado como senso comum Iemanjá ser a mãe de todas as cabeças. Isso tem repercussão rito-litúrgica nos preceitos internos, de firmeza mediúnica. Toda e qualquer prática ritual, como o amaci, que é a lavagem de cabeças, deve ter o "beneplácito" deste Orixá, ou seja, a harmonia energética de quaisquer elementos utilizados é consequência de se estar equilibrado com a Grande Mãe das Cabeças. Na dúvida do dirigente, de quais elementos e Orixás devem ser manejados para fortalecer o tônus medianímico, socorremo-nos em Iemanjá, que, por outorga de Oxalá, rege todos os Oris.

Simbolicamente, vivemos no "mar do inconsciente", pois ainda não temos acesso a todo o manancial de experiências com suas informações de vidas passadas. Nosso atual estágio de evolução não permite, até por uma limitação orgânica de nosso cérebro, nos apossar da plenitude cognitiva que temos "adormecida". Simbolicamente, sendo Iemanjá a zeladora de todas as águas salgadas e areias do mar, é considerada o princípio da vida, desde que habitamos um primeiro corpo em meio aquoso. Iemanjá é o mar que alimenta, que umidifica e energiza a terra. Representa as profundezas do inconsciente, um grande cemitério que "ressuscita" em nós a cada dia, num movimento rítmico, cíclico, em reencarnações sucessivas, tudo que se pode aprender infinitamente na vida do espírito imortal. Esta força educadora é contida, equilibrada, por Iemanjá. Ela, sendo a mãe de todos os oris (cabeças), estabiliza o saber do inconsciente na mente extrafísica, que por sua vez está se "acomodando" em um novo corpo físico. Assim, Iemanjá representa o inconsciente, no sentido de ser ela quem dá o equilíbrio necessário aos espíritos para lidar com suas emoções e desejos "ocultos", reprimindo-os amorosamente para que a mente do nascituro, no momento em que se rompe a placenta, consiga se acoplar adequadamente ao novo cérebro físico.

Iemanjá ampara o renascido no corpo físico até por volta de sete anos, período de tempo necessário para se completar o acoplamento do corpo astral ao novo corpo físico. Todo bebê tem um pedacinho do crânio, no alto da cabeça, aberto, sem osso, macio ao toque, que é chamado de moleira. Leva em média até vinte e quatro meses para fechar. O cérebro crescerá e a caixa craniana se adaptará ao mesmo. Imaginemos, nesse período crucial para o espírito reencarnante se apropriar de toda a capacidade psicomotora orgânica e se fazer expressar na matéria, que o inconsciente aflorasse forçando impulsos atávicos, no mais das vezes pelo nosso primarismo instintivo, de raiva, ódio, desistência, medo... As sinapses cerebrais não acompanhariam o mentalismo extracorpóreo, danificando a delicada tessitura das células que estão se reproduzindo, ou seja, o processo de renascimento não se concluiria adequadamente.

E é até os sete anos que ocorrem somatizações que têm relação com a adaptação do espírito à nova vida. Por vezes, desistências reencarnatórias ocorrem, assunto para o próximo capítulo.

No mediunismo de Umbanda, Iemanjá é apaziguadora. Força cósmica que acalma e higieniza o ambiente etéreo de trabalho, transmutando energias deletérias. As manifestações das falangeiras deste Orixá balançam o corpo das médiuns, como se fossem suaves marolas do mar, espargindo uma leve "brisa" balsamizante, o axé – força – do Orixá no ambiente de trabalho.

Iemanjá é conciliadora e mãe fiel. Seus sentimentos maternais exprimem-se no zelo e no amor com que se dedicam as mãezinhas à educação das crianças, que podem até nem ser delas, como se dessem à luz inúmeros rebentos. Até por volta dos sete anos de idade das crianças, é o Orixá que se faz "rainha do lar", apassivando o antagonismo de espíritos que se reencontram para resgatar afetividades no cadinho do lar terreno. Assim, a progenitora das crianças está sensibilizada, para cuidar da família com amor e afinco.

Ibeji e a criança "dupla" em ação, os primeiros impulsos atávicos

Os Ibejis brincam e põem fogo na casa

Egbé tinha dois filhos gêmeos. "Aqueles são os Ibejis travessos de Egbé", diziam quando ela passava orgulhosa com as crianças.

Egbé tinha um problema com os filhos. As crianças eram levadas, como todas as crianças, e gostavam de brincar com fogo. Os gêmeos traquinas faziam fogo na casa e incendiavam o lar. A casa estava, assim, sempre em reparo, sempre sendo refeita das cinzas, nunca completada inteiramente, pois com nova brincadeira, novo incêndio.

Egbé vivia em sobressalto, experimentando as mais inquietantes emoções, sempre com o coração batendo forte e apressado.

Egbé consultou um babalaô e ele disse a ela que tivesse outro filho. O terceiro filho veio e apaziguou os irmãos gêmeos. O irmão dos Ibejis foi chamado Idoú. Seu temperamento tinha a combinação do espírito de seus dois irmãos mais velhos.

Os meninos gêmeos não brincaram mais com fogo, mas ensinaram ao irmão mais novo todas as artes capazes de provocar emoções profundas, que fazem os corações das mães baterem fortes e apressados.

Um segundo mito narra o seguinte:
Os Ibejis encontram água e salvam a cidade

Certa vez chegou a seca e com a seca chegou a sede. Não havia água, todos estavam desesperados e a morte rondava o povoado. Todos estavam à procura de água e todos fracassavam, homens e mulheres.

Os irmãos Ibejis brincavam no quintal, como sempre. Faziam buracos no chão. Mas não era exatamente a brincadeira o que os entretinha. Eles estavam à procura de água. No final dessa busca angustiada, as crianças gêmeas alcançaram uma fonte subterrânea e com sua água cristalina abasteceram potes, vasos e quartinhas. Ofereceram, então, a todo o povoado o líquido precioso, matando a sede de seu povo e afastando a morte.

Esses dois mitos que falam dos Ibejis – crianças – são de profundo simbolismo. Os elementos (ar, terra, fogo e água) fazem parte de várias narrativas míticas, que foram sendo elaboradas ao longo da existência humana, em várias localidades do planeta. Independem essas historietas, elaboradas por sábios instrutores em diversas épocas e culturas, de uma religião propriamente dita. Sua valência atemporal são os ensinamentos que contêm. Em verdade, mantêm "ocultas" certas chaves interpretativas teológicas. Descortinando-as, compreenderemos melhor a relação dos homens com Deus e suas Leis Divinas. Os arquétipos estão universalizados nos vários enredos míticos existentes e são consequências de nosso inconsciente coletivo.

Quais são os pais que não têm problemas com os filhos para educá-los? Afinal, quem são nossos filhos?

Mera carne da nossa carne é que não são. O ser perene e imortal é diferente do estar num corpo mortal. Reencarnam, por vezes, espíritos muito velhos, mais "idosos" que seus pais diante da contabilidade sideral. Por trás do corpo indefeso de uma criancinha com rostinho angelical pode estar um "diabinho", um psicopata, um gângster, um cáften ou um assassino serial.

O reencontro de espíritos num mesmo lar, no mais das vezes, enreda os desunidos em uma mesma família, escolhidos que são pelos Mestres Cármicos, e raramente podemos escolher nossos afetos para renascermos numa mesma parentela. Ou seja, de regra, nascemos em uma "fogueira" de egos avantajados que se atritam, pois trazemos impulsos cognitivos e predisposições psíquicas que, literalmente, é como se estivéssemos brincando com fogo. Os antagonismos recíprocos inevitavelmente aflorarão no modo de ser e terão impacto nos relacionamentos entre pais e filhos, sob a ação da criança "dupla", o gêmeo simbólico.

Nasce com o ente no mesmo parto um "gêmeo", mas não é físico. Ele nos faz colocar "fogo" na casa e nos obriga a refazê-la das cinzas. Quando nos referimos ao nosso duplo, ou à metafórica "criança dupla", estamos aludindo ao nosso inconsciente, que "renasce" e faz par com nossa consciência, que se "formará" na encarnação conforme tenhamos noção de existir novamente. Ou seja, a criança não expressa sua consciência imediatamente, ela é incapaz (o cérebro orgânico não está totalmente formado) nos primeiros anos e lhe repercute fortemente o inconsciente milenar, como se fosse um disco rígido de computador lotado de muitos arquivos velhos em que o programa de leitura terá que ser escrito.

Nos anos iniciais da infância não é incomum o nosso duplo inconsciente, adormecido, "acordar" e querer mandar. Literalmente, apossar-se do psiquismo. Comprovam as experiências mediúnicas que é habitual a criança ir dormir e se desdobrar, com muita facilidade, afeiçoando-se ao passado, imprimindo-se em seu corpo astral conformação de outra vida, tal a fixação mental desta duplicidade existencial, mantida pelos registros de memória de existências pregressas que afloram, como se os arquivos do disco rígido se abrissem pela interferência de um programa intruso.

A criança pode estar em desdobramento espiritual durante o sono físico e viver como outra personagem, a que mais lhe impressiona o psiquismo, invariavelmente inimiga dos pais e rebelde frente à nova vida. Isso ocorre pelo nosso baixo nível moral. Lembremos que encarnamos, majoritariamente, de forma compulsória.

Esse fenômeno psíquico influencia o nascituro, impregna-lhe o mental, fazendo-o ser atavicamente traquina, desatento, inquieto, agressivo, até violento... Assim, ele coloca "fogo" na casa, o novo corpo físico, pela inaceitação do atual programa de vida, e também por ser a família habitada por seus desafetos passados. É um período delicado, em que os pais devem ter muita paciência, calma e amorosidade para impor limites e frear educando o rebento. O auxílio espiritual de um "babalaô", significando ajuda espiritual mediúnica, seja no terreiro ou centro espírita, pontualmente, é salutar, haja vista inclusive a possibilidade de obsessões espirituais envolvidas e o afloramento precoce da mediunidade, o que geralmente acontece.

Jesus disse: "eu vim para trazer fogo sob a terra, e como gostaria que já estivesse em chamas". Este vaticínio do Mestre é uma chave teológica que nos faz reencontrar nossa divindade interna, chama ardente ofuscada pelos nossos próprios atos. Esquecemos facilmente que todo efeito tem uma causa geradora, causalidade esta que está em nós mesmos, simples assim; a semeadura é livre e a colheita, obrigatória.

É preciso queimar velhas manias, defeitos, atavismos e imperfeições filhas do ego, para que possamos vencer a nós mesmos. Assim, renascemos para conviver com nossos desafetos, equacionando desajustes que geraram desarmonia cósmica, tantas vezes quanto o número de estrelas no infinito, até que nos façamos fênix que sobrepuja as cinzas, deixando-as no chão, reconstruindo nossa casa, reparando o templo interno, nosso Ori – consciência –, e por ressonância sutilizando nosso corpo astral. Só assim angariaremos o direito de embarcar para outros planos melhores no Orum – ou Plano Espiritual, Aruanda ou Nosso Lar, como queiram.

À casa onde o Mestre se encontrava acorria tanta gente que, um dia, lhe disseram: "Olha que tua mãe e teus irmãos te buscam aí fora".

E Jesus, olhando para os que estavam sentados à roda de si, admoestou-lhes: "Eis aqui, minha mãe e irmãos. Porque quem fizer a vontade de Deus, esse é meu irmão, minha irmã e minha mãe".

Tenhamos convicção de que a vontade divina é que aprendamos a amar e não tem nada a ver com fazer a vontade do sacerdote, padre, bispo, pastor, guru, mago ou pai de santo. A maioria das religiões instituídas tenta alijar o ser de exercitar sua vontade, enchendo-o de punições, pecados e alertas sentenciosos. Claro, embora tenhamos livre-arbítrio, não somos isentos de responder pelas consequências de nossos atos. Quantos não amam seu irmão consanguíneo, chegando mesmo a odiá-lo? Renasceremos e teremos pais e mães tantas vezes forem necessárias para educarmos nossos espíritos na Lei Cósmica do Amor.

O novo irmão que nasce ensina-nos a dividir, tirando-nos da zona de domínio do egoísmo. Nossa verdadeira família é toda a humanidade, pois, no decurso de miríades de reencarnações, muitos corpos perecíveis deixamos para trás, sendo uma ilusão as paixões carnais, efêmeras e transitórias. No pequeno núcleo familiar deveremos ser educados, e a infância é o período mais propiciatório para sermos desbastados em nossas durezas, polindo as arestas que trazemos.

Após "sofrermos" o impacto do incêndio das muitas vivências infantis em várias reencarnações, egos envelhecidos e ressecados que somos, encontramos finalmente a água cristalina que sacia a sede, alcançando a fonte "subterrânea" que abastece potes, vasos e quartinhas – nossos corpos espirituais. Chegará a encarnação culminante, que saciará nossa sede, abrandando nossa aridez consciencial, redimindo-nos frente ao Criador.

Inexoravelmente, somos conduzidos às existências terrenas e o Dom de Deus, através de Si mesmo diferenciado como Orixás, nos dá sempre fontes rasas para que tenhamos boa sorte, abundância e prosperidade. Mas, inevitavelmente, nossas atitudes equivocadas atraem má sorte, assim como a mulher Samaritana que, sem fé, só enxergava o poço fundo e o esforço que tinha que fazer. A cada encarnação, nos fazemos crianças novamente, para resgatar a pureza perdida, que nos fará mais uma vez fonte jorrando para a vida eterna. Morremos velhos em uma vida e renascemos novos em outra. Será que matamos o velho para o novo nascer?

Não faltará água para saciar a sede do espírito, pois o Criador legislou que todos nós encontraremos o poço raso. Quanta benevolência, quanto amor...

Reflitamos: quantos de nós desencarnaram em vida passada doentes, traumatizados, assassinados, por vezes até mesmo assassinando e torturando inocentes? Nascemos, sem estigmas cármicos físicos retificativos que nos imponham um corpo enfermo e deficiente, em belos e joviais corpos, mas continuamos os mesmos homens velhos. Quando nos tornaremos crianças em espírito para readentrarmos o Orum – os planos elevados de bem-aventurança?

Finalizando este capítulo, falaremos um pouco das crianças no mediunismo de terreiro. Quando os falangeiros desta linha incorporam, nos trazem a alegria e o poder da honestidade, da pureza infantil. Aparentemente frágeis, têm muita força na magia e atuam em qualquer tipo de trabalho. Essa vibratória serve também para elevar a autoestima do corpo mediúnico, após atendimentos em que foram transmutados muita tristeza, mágoa e sofrimento. É muito bom voltar para casa depois de uma sessão "puxada" no terreiro, impregnados da alegria inocente das crianças. Resgatamos em nós, por breves momentos ao menos, a inocência perdida, a pureza do desinteresse nas relações, a alegria pelo simples fato de sermos seres viventes, espíritos imortais. Jesus, o maior "babalaô" (Pai de Segredo) que já pisou na crosta terrena, ensinou: "deixai vir a mim as crianças, não as impeçais, pois o Reino dos Céus pertence aos que se tornam semelhantes a elas".

CAPÍTULO 7

SEGUNDO CICLO
A VITALIDADE DA JUVENTUDE

Oxossi aprende com Ogum a arte da caça

Oxossi é irmão de Ogum. Ogum tem pelo irmão um afeto especial. Num dia em que voltava da batalha, Ogum encontrou o irmão temeroso e sem reação, cercado de inimigos que já tinham destruído quase toda a aldeia e que estavam prestes a atingir sua família e tomar suas terras. Ogum vinha cansado de outra guerra, mas ficou irado e sedento de vingança. Procurou dentro de si mais forças para continuar lutando e partiu na direção dos inimigos. Com sua espada de ferro, pelejou até o amanhecer.

Quando por fim venceu os invasores, sentou-se com o irmão e o tranquilizou com sua proteção. Sempre que houvesse necessidade, ele iria até seu encontro para auxiliá-lo. Ogum então ensinou Oxossi a caçar, a abrir caminhos pela floresta e matas cerradas. Oxossi aprendeu com o irmão a nobre arte da caça, sem a qual a vida é muito mais difícil. Ogum ensinou Oxossi a defender-se por si próprio e a cuidar de sua gente. Agora Ogum podia voltar tranquilo para a guerra. Ogum fez de Oxossi o provedor.

Oxossi é o irmão de Ogum.
Ogum é o grande guerreiro.
Oxossi é o grande caçador.

Dizem os mais antigos na religião de Umbanda que toda trilha beirando mata é de Ogum. Já a floresta fechada pertence a Oxossi. Esses dois Orixás "andam" muito próximos, tendo vários atributos em comum.

Ogum é guerreiro dos campos abertos, dos confrontos diretos, das grandes batalhas. Nas incorporações mediúnicas das entidades trabalhadoras sob a irradiação deste Orixá, todas se apresentam de espada na mão e braço levantado, prontas para a luta.

Oxossi é capangueiro, se "esconde" para abater a presa de surpresa. Quando seus caboclos incorporam nos terreiros, andam apressadamente de um lado a outro, estalam os dedos, assoviam e gesticulam como se esticassem um arco para soltar a flecha.

O sentido simbólico psíquico é que Ogum nos fortalece a vontade, o desprendimento e o esforço para a realização, abrindo os caminhos e rompendo barreiras para a concretização de nossos projetos de vida. Oxossi lida com nossa qualificação, com a aquisição de conhecimento, o estudo e a capacitação. Significa ligeireza, astúcia, sabedoria e artimanha para acertar a presa. Por isso é provedor, sendo ligado à fartura, prosperidade e abundância.

Oxossi também tem uma estreita ligação com Ossaim (Ossanha), Orixá Senhor das Folhas medicinais, de quem obteve o saber do uso ritual das folhas terapêuticas, adquirindo destreza na dinamização etérea do axé vegetal. Notadamente no Brasil, por dentro das "umbandas", reconhecem-se em Oxossi os atributos de ordem curativa de Ossanha, num saudável sincretismo. Nos terreiros, Oxossi é curador feiticeiro, exímio no manejo da rica fitoterapia. Diante da gigantesca carência de saúde pública existente em nosso país, as comunidades religiosas que cultuam os Orixás e os Ancestrais Ilustres suprem a sociedade com soluções mágicas curativas mediúnicas, utilizando-se do rico herbanário de nossa terra. Nesse sentido, os caboclos da Umbanda são os grandes catalisadores desta demanda e, entre baforadas de cachimbos e charutos, defumações, infusões, chás e banhos de ervas, vão curando e acolhendo as populações menos assistidas.

Obviamente que, para ser-se um caçador como Oxossi, é indispensável a vitalidade, a força juvenil. O caçador não é mais o homem que se adapta passivamente às condições externas da vida. Ao contrário, ele aprende a conhecer a "selva", desvendando seus segredos, armadilhas e habitantes, para assenhorar-se dela, dominá-la e dela extrair seu provento e a sobrevivência de sua "tribo". Oxossi é solitário, gosta de ar e liberdade, não suportando ambientes fechados e ficar trancado.

Seu principal instrumento simbólico é o arco e a flecha. Oxossi nunca erra o alvo, é sempre certeiro. Raramente entra em combate direto. É esguio e ágil, estrategista, atira a flecha à distância, em segurança e silêncio. Há que se considerar que o arco e a flecha são invenções da inteligência, do senso arguto de observação, uma vez que se opõem à força bruta do combate direto. Para utilizar com habilidade o arco e a flecha, não basta ser forte, ter braço firme e uma exímia pontaria. É indispensável um estado psicológico sereno, de pleno domínio sobre si mesmo, equilibrado e com rara concentração mental. Podemos inferir que, para termos foco e atingirmos nossos alvos – metas de vida –, é indispensável a força interior que uma mente saudável propicia.

Assim, notadamente na juventude, mas válido por toda a vida, enquanto não encontrarmos nosso ponto de equilíbrio interno psíquico, educando emoções e sentimentos, exercitando a paciência, o autocontrole, a força de vontade concentrada no alcance de nossos objetivos existenciais, usaremos meramente o esforço embrutecido sem atingir os alvos da plena realização e bem-aventurança, pois ainda teremos aspectos obscuros de nosso psiquismo preponderando: ansiedade, medos, recalques e as mais diversas máscaras e couraças do ego que dissimulam quem realmente somos. Como água represada que se desvia do leito do rio, nos afastamos de nosso potencial de realização por não estarmos conectados com nossas reais aptidões, sejam elas quais forem; uns serão poetas, outros filósofos, artistas, escritores, educadores, cientistas, engenheiros, advogados, contadores...

Devemos ter claro que a vida é como se fosse uma floresta, com perigos, armadilhas e feras. Chega o momento em que temos de ir à luta, trabalhar, entrar na "mata" fechada, desbravando-a, ir ao encontro da conquista de nossa independência emocional, econômica e social. O simbolismo do caçador que domina a mata fechada é do ser que já dominou sua região interna desconhecida, não se deixando controlar por atavismos e impulsos impensados, é o indivíduo proativo e não reativo, que venceu os instintos primários, ou seja, é um estrategista que reflete antes de agir.

O ato de entrarmos e sairmos da floresta, de irmos à luta para conquistar nosso merecido espaço na vida, rompe as barreiras da acomodação e da preguiça, simboliza estarmos aprendendo a ser os caçadores e não a caça, a termos foco, alvo e meta em nossas vidas. Só alcançaremos a liberdade que Oxossi simbolicamente nos oferece quando nos libertarmos de nossas atitudes egoístas e infantilizadas, rompendo a casca de nossos medos, tendo ações responsáveis, conscientizando-nos de que somente nós e mais ninguém responderemos pelas consequências de nossas escolhas frente aos desafios da existência humana.

Oxossi é o Orixá que nos catapulta à responsabilidade de ganharmos nosso próprio sustento. Seremos livres quando formos independentes, nos tornando provedores ao invés de sermos sustentados, caçadores ao invés de caça.

Oxossi é o "caçador" do provimento, a busca da independência

Oxossi mata a mãe com uma flechada

Olodumaré chamou Orunmilá e o incumbiu de trazer-lhe uma codorna. Orunmilá explicou-lhe as dificuldades de se caçar codorna e rogou-lhe que lhe desse outra missão. Contrariado, Olodumaré foi reticente na resposta e Orunmilá partiu mundo afora a fim de saciar a vontade de realizar a incumbência que lhe fora atribuída. Orunmilá embrenhou-se em todos os cantos da Terra. Passou por muitas dificuldades, andou por povos distantes. Muitas vezes, foi motivo de deboche e negativas acerca do que pretendia conseguir. Já desistindo do intento e resignado a receber de Olodumaré o castigo que por certo merecia, Orunmilá se pôs no caminho de volta. Estava cansado e decepcionado consigo mesmo.

Entrou por um atalho e ouviu o som de cânticos. A cada passo, Orunmilá sentia suas forças se renovando. Sentia que algo de novo ocorreria. Chegou a um povoado onde os tambores tocavam louvores a Xangô, Iemanjá, Oxum e Obatalá. No meio da roda, bailava uma linda rainha. Era Oxum, que acompanhava com sua dança toda aquela celebração. Bailando a seu lado estava um jovem corpulento e viril. Era Oxossi, o grande caçador.

Orunmilá apresentou-se e disse da sua vontade de falar com aquele caçador. Todos se curvaram perante sua autoridade e trataram de trazer Oxossi à sua presença. O velho adivinho dirigiu-se a Oxossi e disse que Olodumaré o havia encarregado de conseguir uma codorna. Seria esta, agora, a missão de Oxossi. Oxossi ficou lisonjeado com a honrosa tarefa e prometeu trazer a caça na manhã seguinte. Assim ficou combinado.

Na manhã seguinte, Orunmilá se dirigiu à casa de Oxossi. Para sua surpresa, o caçador apareceu na porta irado e assustado, dizendo que lhe haviam roubado a caça. Oxossi, desorientado, perguntou a sua mãe sobre a codorna, e ela respondeu com ares de desprezo, dizendo que não estava interessada naquilo. Orunmilá exigiu que Oxossi lhe trouxesse outra codorna, senão não receberia o Axé de Olodumaré. Oxossi caçou outra codorna, guardando-a no embornal. Procurou Orunmilá e ambos se dirigiram ao palácio de Olodumaré, no Orum. Entregaram a codorna ao Senhor do Mundo. De soslaio, Olodumaré olhou para Oxossi e, estendendo seu braço direito, fez dele o rei dos caçadores. Agradecido a Olodumaré e agarrado a seu arco, Oxossi disparou uma flecha ao azar e disse que aquela deveria ser cravada no coração de quem havia roubado a primeira codorna. Oxossi desceu à Terra. Ao chegar em casa, encontrou a mãe morta com uma flecha cravada no peito. Desesperado, pôs-se a gritar e por um bom tempo ficou de joelhos, inconformado com seu ato. Negou, dali em diante, o título que recebera de Olodumaré.

Nota: Olodumaré é o Deus Supremo na gênese e cosmologia nagô. Orunmilá é o Orixá responsável pelo oráculo divino e tem como atributos predizer os Destinos individuais dos homens.

Esta narrativa mitológica nos leva a refletir sobre nossos talentos inatos. É comum o jovem ter muita vitalidade e pouco conhecimento de si mesmo. Infelizmente, também não é incomum encontrarmos o idoso que ainda não descobriu sua vocação.

Quais são as nossas aptidões?

Do que somos capazes?

Qual é a minha essência real que me predispõe a realizações exequíveis?

Não é fácil caçar codornas. Elas são aves ariscas e pequenas, ágeis e rasteiras, difíceis de serem atingidas no meio do mato rasteiro. Reflitamos que por vezes temos que desistir do intento a que nos propomos e ter humildade de reavaliar o que podemos realmente realizar. Um pedreiro não é arquiteto, assim como nem sempre o engenheiro conhece o tipo de tijolo usado na construção. Não temos todos os dons e vocações e vivemos envoltos por uma rede de complementaridade. Aquilo que não sabemos fazer por não termos capacidade, outros podem suprir, complementando nossas carências. Assim é tecida a gigantesca malha social da qual fazemos parte. Basta permitirmos os encontros na coletividade, na busca inexorável do sustento, da capacitação e da independência, que teremos que aprender a reconhecer nossas fragilidades e deficiências, tendo a humildade de reconhecer nos outros as aptidões que não temos, nem teremos.

Por outro lado, ao sermos reconhecidos por nossos talentos e realizações, poderes inatos que se expressam como vocações, cada um de nós com "dons" específicos que trazemos inatos ao espírito, destacando-nos na diversidade de carismas humanos, não devemos nos envaidecer. Quantas vezes damos "flechaços" nos outros, movidos pelo falso senso de superioridade, de acharmos que somos melhores, mais perfeitos e capazes?

No mito apresentado, Oxossi, ao ser entronizado como rei dos caçadores, dispara uma flecha certeira ao azar, sem reconhecer o alvo, movido pela vaidade e arrogância, e acaba matando a mãe, que sigilosamente "roubou-lhe" a codorna para fazer-lhe uma agradável surpresa – seu prato preferido.

Ocorre que, quando somos jovens, agimos muitas vezes de forma impulsiva, impensada e imatura, ferindo os que estão conosco, desprezando-os e angariando, no mais das vezes, inimigos. A prudência, a parcimônia, a tolerância e a paciência acompanham o amadurecimento de nossas emoções e sentimentos que nos fazem ser mais proativos e menos reativos, fruto do autoconhecimento pela interiorização das lições que as experiências da vida e, inevitavelmente, seus fracassos nos ensinam.

Na história da humanidade, o arquétipo do caçador cumpre papel civilizador, pois estabelece e é propiciatório à sobrevivência dos homens. Hoje não mais caçamos com armas, mas usamos recursos que possibilitam nos sobressairmos e conquistarmos espaço social. Estudamos, nos capacitamos, temos tecnologia e perseguimos trabalho, sucesso e reconhecimento para impor nossa marca no mundo terreno.

Temos que aprender, assim como o exímio caçador na floresta, a dominar as ameaças na luta pelo nosso sucesso laboral. Astúcia, cautela e arguta inteligência com apurado senso de observação são necessários para superarmos os obstáculos. Não podemos esquecer-nos da concorrência, efeito de um planeta superpovoado. Ao contrário da época das narrativas míticas, não estaremos sós, outros estarão perseguindo as mesmas metas. Haverá muitos exímios caçadores lançando flechas contrárias, frutos de valores modernos competitivos, hipócritas, corruptos e antiéticos.

O domínio das "armadilhas" e "trilhas" da floresta da vida urge, bem como de sua variada e complexa "fauna". É imprescindível ao caçador ser ético e honesto para estar alinhado com os atributos de Oxossi. No mais das vezes, temos que aniquilar os obstáculos dos caminhos com uma única flecha, pois não teremos mais de uma oportunidade, o que nos exige que estejamos melhores de caráter a cada novo dia, tendo cada vez mais destreza de domínio interno, para vencermos o maior inimigo: nós mesmos.

Que cada um de nós consiga interiorizar a destreza de Oxossi, como narra o mito em que este Orixá atinge em cheio o peito do pássaro da feiticeira com uma única flecha certeira e infalível, após os demais caçadores terem tentado, todos com mais flechas do que ele, e não conseguido. As oportunidades na atualidade são cada vez mais escassas, saibamos aproveitá-las, preparando-nos emocionalmente, dominando nossos sentimentos negativos, burilando nosso caráter com senso de justiça e ética, para que a fartura e abundância cósmica não faltem em nossos caminhos.

Ogum é o senhor dos caminhos, a vontade de realização

Ogum é castigado, por tentativa de incesto, a viver nas estradas

Ogum vivia na casa de seus pais, Obatalá e Lemu. Tinha dois irmãos, Eleguá e Oxossi.

Ogum estava enamorado de Lemu e muitas vezes tentou violentá-la, mas sempre fracassou. Eleguá e Oxossi protegiam a mãe das investidas de Ogum.

Um dia, o próprio pai o surpreendeu no terrível intento. Antes que Obatalá o castigasse, Ogum suplicou: "Deixa, meu pai, que eu mesmo encontrarei meu castigo".

Ogum muito andou pelas estradas. Foi então para um lugar distante, sem ter sequer a companhia de cães. Neste local solitário, viveu só para o trabalho, impedido de qualquer felicidade. Labutava em sua forja, consumia-se em amarguras. Somente seu irmão Oxossi sabia de seu paradeiro.

Para purgar o triste destino, Ogum se pôs a trabalhar sem nunca descansar. Fabricava ferramentas metálicas para ajudar os homens no arado do solo, nos plantios e colheitas. Suas ferramentas espalharam-se pelo mundo e muitos foram procurá-lo para aprender a forjá-las.

Aconteceu então que chegou à sua casa uma belíssima mulher. Era Oxum, que o fez provar de seus encantos mais íntimos. Que prisão poderia ser mais forte que o mel de Oxum?

Ogum estava finalmente perdoado.

Nota sobre este mito: Eleguá também é epíteto de Exu – Elegbara ou guardião. Obatalá é Orixá Funfun – do manto branco – associado à cosmogênese nagô. No Brasil é pouco cultuado. José Beniste coloca-o como Oxalá na obra *Mitos Iorubás*.

As lendas têm por objetivo principal explicar temas iniciáticos, da gênese e cosmogonia, sob a perspectiva dos Orixás. As narrativas foram elaboradas pelos babalaôs – altos sacerdotes e detentores de segredos – para os cidadãos simples das diversas comunidades pudessem entender. Todavia, os enredos revelam um aspecto preponderante na mitologia nagô: o mundo das divindades é semelhante ao dos homens, recheado de conflitos, contradições, acordos e desacertos, traições e seduções. É uma inteligente pedagogia especular e metafórica, tem efeito espelho, aproximando a compreensão dos cidadãos comuns, a maioria trabalhadores agrícolas e de pouco saber religioso, dos "deuses", do plano sagrado. Nelas, Ogum é retratado como violento, impulsivo, capaz de certas malícias para chegar a seus propósitos. Certos mitos ainda o apresentam como herói civilizador, pois inventou a metalurgia, que revolucionou o trabalho braçal nos campos.

Ogum abre os caminhos, cortando cipós e matos para abrir picadas na floresta. É Orixá pioneiro, inventou a enxada que trabalha a terra, as serras e os formões que talham a madeira.

O arquétipo de Ogum está relacionado com a vontade. Sem ela, nada fazemos. Os problemas acontecem em nossas vidas quando nossa vontade atiça os desejos, e vice-versa, cegando a razão que discerne as consequências dos atos praticados. Temos que buscar o equilíbrio entre nossas forças internas e os relacionamentos externos. Quantas vezes cometemos sérios erros de que depois nos arrependemos?

Esta narrativa mítica, repleta de simbolismo, tece o enredo da tentativa de estupro da mãe por Ogum, dominado pelo zinsano desejo, descontrolado em sua sede de satisfação. Pode parecer chocante aos mais sensíveis, mas quantos de nós "violentamos" nossos pais ao maltratá-los, ignorá-los, abandonando-os, agredindo-os psicologicamente, negando-os completamente na busca de nossas realizações? Obviamente que nem todas as mães são boas e amorosas, mas nos referimos ao senso comum, que elege os progenitores como nossos provedores, aos quais devemos respeito e reconhecimento.

Quantas vezes esquecemos de tudo e percorremos caminhos solitários, vivendo só para o trabalho, não nos dando conta de que temos direito à felicidade? Somos educados a "sofrer" e expurgar nosso carma. Contrariamos a Lei Cósmica, que não responde à mercê de nossas vontades, e acabamos "purgando" um triste destino por nos rendermos aos nossos impulsos mais inferiores.

O equilíbrio junto à fonte universal de abundância e prosperidade começa a se consolidar em nossas vidas quando direcionamos nossa vontade para as realizações, não só para nossos umbigos, mas para o bem-estar a favor do coletivo, como Ogum fez ao fabricar ferramentas metálicas para ajudar os homens, espalhando-as pelo mundo. Nossos recalques são forjados no "fogo" como o ferro para se transformar em peça útil ao manejo. Nosso egoísmo e atitudes impulsivas nos afastam da serenidade e da paz de consciência.

O trabalho deve ser fonte de progresso para todos e não de escape para nossos recalques. Todos nós temos o direito de ser amados, basta nos perdoarmos, livrarmo-nos de falsas cobranças do ego, eivado de culpas, recalques e medos.

Enquanto não dominarmos o "guerreiro" que temos dentro de nós, vencendo a nós mesmos, seremos nosso maior inimigo no caminho da autorrealização. As batalhas para sermos vitoriosos na existência humana acontecem no vasto campo do psiquismo. Ogum nos impulsiona para que persigamos energeticamente nossos objetivos e não desencorajemos facilmente. O excesso de força interna não deve redundar em violência. Temos que agir com prudência, sem nos tornarmos negativamente aguerridos e impulsivos.

Nunca espere de um filho de Ogum falsidade e fraqueza em suas intenções, mesmo que em certas ocasiões seja impetuoso e até arrogante.

Ogum nos conduz às conquistas, a entrarmos no campo de batalha que é a vida, nos convidando a percorrer as estradas do mundo. Inexoravelmente, repetimos, se não vencermos a nós mesmos, direcionando positivamente nossa vontade e desejos, seremos derrotados. Quando seremos senhores de nossos próprios caminhos?

Xangô é o raio que amolece a pedra, o "fogo" da batalha pelas conquistas

Xangô vence Ogum na pedreira

Xangô e Ogum sempre lutaram entre si,
ora disputando o amor da mãe, Iemanjá,
ora disputando o amor da amada, Oxum,

ora disputando o amor da companheira, Iansã.
Lutaram no começo do mundo e ainda lutam agora.
Ogum usa de sua força física e das armas que fabrica,
Xangô usa da estratégia e da magia.
Ambos são fortes e valentes,
ambos são guerreiros temidos.
Mas só uma vez Xangô venceu Ogum na luta.
Numa disputa que travaram por Iansã,
ora a batalha pendia para um lado,
ora pendia para o outro.
Ninguém conseguia prever o final,
ninguém podia apostar quem seria o vencedor.
Foi então que Xangô apelou para a astúcia,
como é de seu feitio numa hora dessas.
Conduziu a batalha como quem se retirava
e, sem que Ogum percebesse, Xangô o atraiu para a pedreira.
Foi então que Xangô apelou para a magia,
como é de seu feitio numa hora dessas.
Quando Ogum estava bem no pé da montanha de pedra,
Xangô lançou seu machado oxé de fazer raio
e um grande estrondo se ouviu.
Com o trovão veio abaixo uma avalanche de pedras
e as pedras soterraram o desprevenido Ogum.
Xangô vencera Ogum na pedreira,
que desde então foi considerada o elemento de Xangô.
Xangô venceu Ogum naquele dia,
única vez que alguém venceu Ogum.
Mas esses dois filhos de Iemanjá seguem lutando ainda,
ora disputando o amor da mãe, Iemanjá,
ora disputando o amor da amada, Oxum,
ora disputando o amor da companheira, Iansã.

Desde o início dos tempos temos que "lutar" pela sobrevivência. A força física é superada pela estratégia. A astúcia fez o homem vencer animais ferozes, muitas vezes mais fortes, mas ainda não é o suficiente para vencermos as deficiências de moral e de caráter que temos. Lembremos que todas as guerras que já aconteceram no planeta, com seus fratricídios, foram deflagradas pelos seres humanos.

Não basta sermos fortes e valentes para pisarmos em terreno firme no chão da terra. Temos que consolidar em nós a firmeza de caráter, dominando nossos instintos primários, atávicos, animalescos e instintivos, que nos fazem déspotas, assassinos, ladrões, corruptos... para estarmos de pé em cima da montanha da vida, somente quando construirmos as bases sólidas que não nos deixam cair. A solidez da rocha ocorre quando introjetamos as bases morais que nos fazem seres conscientes de nosso papel, apurando-nos o senso de justiça e respeito ao próximo, não fazendo ao outro aquilo que não gostaríamos que nos fizessem. O exercício da vigilância deve ser como um estrondo ou brado que corta os céus na forma de um raio e cai sobre nossas cabeças. Temos que nos posicionar com temperança para remover as pedras dos caminhos, não as jogando nas vidraças dos outros. Espalhemos as pétalas de rosas dos bons relacionamentos e o perfume da amorosidade.

O mito nos faz pensar na importância do fogo civilizador. Ele derrete a pedra, transforma os alimentos, esquenta-nos diante do frio, assusta as feras, ilumina a noite. Pelo fogo, pelo raio, pelo trovão, Xangô se impõe. Este Orixá, com sua quentura, simboliza o poder transmutador do fogo, a cultura e a transmissão do saber, pois antigamente as comunidades se reuniam ao redor das fogueiras.

Pensemos no quanto é difícil vencermos nossos impulsos cristalizados, os hábitos que parecem caroços pedregosos dentro de nós, velhos companheiros do ego. Xangô é o equilíbrio, o fogo que faz a dureza da pedra amolecer... Simbolicamente, as batalhas pela manutenção da existência humana nos "amolecem", como rochedos atingidos pelos raios, tantas encarnações sejam necessárias.

Xangô nos inspira credibilidade para as tomadas de decisão acertadas, pelo seu senso apurado de justiça. É o refinado estrategista, o criterioso planejador, incorruptível, íntegro e que corrige injustiças. Este Orixá nos retifica frente aos equívocos que cometemos, pois estamos sujeitos à atuação contínua da lei de ação e reação, de causa e efeito.

Um dos símbolos de Xangô é o Oxé, o machado que possui duas lâminas que cortam para ambos os lados. Significa equilíbrio, equidade nas decisões, imparcialidade, assim como a balança da Lei Divina, da qual ninguém consegue fugir. Inexoravelmente, quem deve paga e quem merece recebe, doa quem doer, sem privilégios.

Em nossas conquistas na vida, no final do ciclo da vitalidade e juventude, somos conduzidos a superar a satisfação dos desejos gerados pela vontade "bruta" de realização, estruturando adequadamente metas em conformidade a nossas reais aptidões vocacionais, o que nos conduz ao esforço de concretização de ações que sejam exequíveis. Para tanto, quanto mais cedo compreendermos que estamos mergulhados num oceano de sincronicidades, de ações que geram reações, de efeitos que são precedidos de causas, mais estaremos nos equilibrando com as Leis Cósmicas e, consequentemente, mais atrairemos bons augúrios, potencializando nosso poder de realização, inerente e ao alcance de todos.

O oxé – machado – de Xangô corta indistintamente para os dois lados, sendo equânime e justo; quem deve paga, quem merece recebe. A lei na Umbanda nos é apresentada através deste Orixá. Xangô é a justiça, o amor e o respeito em obediência às Leis Divinas.

Especialmente quando ferimos a lei do Amor provinda da Mente Cósmica que vibra em todo o Universo e rege nossos caminhos ascensionais, emitindo toda a espécie de pensamentos e emoções negativas, realizamos ações destrutivas. Estamos quebrando uma cadeia de causalidade benfazeja que, ao invés de nos libertar, nos aprisiona, pois fazemos inimigos que vibram em afinidade conosco na mesma faixa de sintonia, assim como a limalha é atraída pelo ímã.

Tudo no Universo é organizado de acordo com o grau de afinidade. Ou seja, todos nós somos atraídos para pessoas ou situações que são afins ao que pensamos, sentimos e fazemos, por isso devemos sempre fazer coisas boas e cultivar relações positivas, desenvolver bom caráter, ter pensamentos amorosos e nos esforçarmos para sermos homens e mulheres de bem, pois só assim teremos a possibilidade de pisar em flores sem espinhos, ao percorrermos nossos caminhos.

Então, não nos esqueçamos de que quem deve paga e quem merece recebe, como bem simbolizam os dois lados do Oxé (machado) de Xangô, pois ele pode cortar contra ou a nosso favor. Afinal, quem maneja adequadamente o que planta, dentro da Lei Divina, não receia a colheita.

CAPÍTULO
8

TERCEIRO CICLO
ESTABILIDADE COM SABEDORIA

Oxalá cria a Terra

No começo, o mundo era todo pantanoso e cheio de água, um lugar inóspito, sem nenhuma serventia. Acima dele havia o Céu, onde viviam Olorum e todos os Orixás, que às vezes desciam para brincar nos pântanos insalubres. Desciam por meio de teias de aranha penduradas no vazio.

Ainda não havia terra firme, nem o homem existia.

Um dia, Olorum chamou à sua presença Oxalá, o Grande Orixá. Disse-lhe que queria criar terra firme lá embaixo e pediu-lhe que realizasse tal tarefa.

Para a missão, deu-lhe uma concha marinha com terra, uma pomba e uma galinha com pés de cinco dedos.

Oxalá desceu ao pântano e depositou a terra da concha. Sobre a terra pôs a pomba e a galinha e ambas começaram a ciscar. Foram assim espalhando a terra que viera na concha até que terra firme se formou por toda parte. Oxalá voltou a Olorum e relatou-lhe o sucedido. Olorum enviou um camaleão para inspecionar a obra de Oxalá, mas ele não pôde andar sobre o solo porque ainda não era firme. O camaleão voltou dizendo que a terra era ampla, mas ainda não suficientemente seca.

Numa segunda viagem, o camaleão trouxe a notícia de que a terra era ampla e suficientemente sólida, podendo-se agora viver em sua superfície.

O lugar mais tarde foi chamado de Ifé, que significa ampla morada.

Depois, Olorum mandou Oxalá de volta à terra para plantar árvores e dar alimentos e riquezas ao homem.

E veio a chuva para regar as árvores.

Foi assim que tudo começou.

Foi ali, em Ifé, durante uma semana de quatro dias, que Orixá Nlá – Oxalá – criou o mundo e tudo o que existe nele.

Consideremos que na leitura dos mitos deve-se levar em consideração um duplo e até um triplo sentido interpretativo, metafísico, do qual, no mais das vezes, ao leigo, fica somente a superficialidade. Infelizmente, muitos acham ainda que as personagens míticas são estáticas no tempo, interpretando-as literalmente como se fossem humanas criaturas, com preferências, personalidades e comportamentos que não mudam. Reflitamos que somente com o saber iniciático, vivenciado, por dentro dos terreiros, interagindo com essas forças divinas e os espíritos que habitam o Orum – Plano Espiritual –, poderemos aprender o real sentido da mitologia dos Orixás.

A significação dos mitos de Oxalá fica mais compreensível e nítida quando estudada juntamente com os mitos de Iemanjá. Em muitos enredos, esses dois Orixás estão juntos na Gênese Divina. Ambos representam as águas de origem, nos primórdios da criação. Enquanto Oxalá é a síntese do poder genitor masculino, Iemanjá representa o poder genitor feminino.

Oxalá é representado pela cor branca, fazendo parte e sendo "ator" fundamental da cosmogênese nagô, compondo os primeiros relatos míticos da criação. Nos primórdios da origem do nosso mundo, criou-se uma espécie de "massa" plástica etéreo-astral específica, originando o ar e a água, e posteriormente a terra.

Todas as narrativas míticas da cosmogonia com os Orixás registram a criação do planeta tendo a participação direta de Oxalá. Mas não há consenso se foi o primeiro Orixá concebido por Olorum. Ocorre que uma vertente de pesquisadores e religiosos entende que Oxalá sempre existiu "dentro" de Deus, ou seja, é inerente e contido no próprio Criador. Assim, ele só se expressou fora do "corpo" de Olorum. Outros afirmam que foi Exu o primeiro Orixá criado, logo após Oxalá "sair" do imanifesto e manifestar-se no plano das primeiras formas. Exu seria o mensageiro, comunicador, mediador e organizador do sistema cósmico, levando Oxalá a todas as dimensões, conforme o mito em que o "corpo" de Oxalá é fracionado e, assim, se faz presente em todos os planos do Orum.

Para nós importa que, indiscutivelmente, Oxalá foi encarregado por Olorum para criar nosso planeta (até dizem que foi o Universo) e todos os seus habitantes. Assim, Oxalá é símbolo da própria criação, conforme as narrativas míticas, visceralmente relacionadas à "fabricação" do homem, sendo a síntese do poder criativo divino no aspecto masculino, fazendo par com Iemanjá, atributo sagrado feminino, de gestação e nascimento.

Oxalá é o grande Orixá da brancura. De sua força dependem todos os seres que habitam a psicosfera terrena, encarnados e desencarnados. Simboliza a brancura do indeterminado, logo todos os começos e possibilidades de realizações.

Há que se considerar que, originalmente, na África, todos os Orixás relacionados à criação eram designados, genericamente, como Funfun. Eram cerca de 14 Orixás Funfun, devendo-se esta denominação ao fato de a cor branca ser atribuída à criação. Não por acaso, no microcosmo humano, tal qual no macrocosmo mítico cosmogônico, o esperma é branco e leitoso, correlacionando aquilo que está embaixo ao símile que está em cima (micro x macro); o poder procriador masculino.

O nome Oxalá vem da contração de Orisà nlà, que significa Deus Grande. Notadamente no Brasil, pelo sincretismo de Oxalá com Jesus, ganhou enorme força este Orixá por dentro das "umbandas". É raríssimo ver um altar – congá – nas centenas de milhares de terreiros sem uma imagem do Cristo-Oxalá. E é interessante observarmos que, entre os africanos da etnia iorubana, Oxalá é o marco referencial máximo de ética e moral, modelo de caráter a ser perseguido pelos homens, assim como Jesus o é para os cristãos de todas as religiões, incluindo-se obviamente a Umbanda.

Normalmente, nas engiras (rituais de Umbanda), Oxalá é homenageado com cânticos e louvores ao final das liturgias, todos voltados de frente para o congá, representando a totalidade, a união, o maior símbolo de amor, tal qual Exu, "residindo" ambos dentro de todos nós.

A humanidade vive sob o "teto" ou manto branco de proteção cósmica, o Alá que nos cobre e guarda, popularmente conhecido e designado em todas as religiões como Deus.

Somos destinados ao amadurecimento anímico e consciencial. Esta ampla morada que é o nosso planeta, com alimentos e "riquezas" para todos os homens, nos oferece um Sol magnífico que ilumina igualmente nossas cabeças, e impreterivelmente todos recebem sua luz. Todavia, esquecemos que todos nós fazemos sombra a partir desta mesma luz. Temos um lado sombra que ainda não está na frequência de Oxalá, formado e gerado de nossos egoísmos, invejas, falta de caráter, ambição, desonestidade, corrupção... de quantas reencarnações e ciclos de vida humanos precisaremos para adquirir estabilidade emocional e caráter elevado? Quando teremos a consciência enfeixada com o poder cósmico deste Orixá do Manto Branco, frenando em nós apelos inferiores que nos aprisionam nos enredos de sofrimento e dor, afastando-nos da fonte universal de abundância e prosperidade?

Nosso destino não é determinismo. Depende unicamente de almejarmos e termos ações condignas que nos conduzam à nossa libertação. Somos "empurrados" à sabedoria, ao equilíbrio, ao preenchimento do "cálice" vazio, pela falta de sentido existencial, com o "néctar" de Pai Oxalá. O planeta em que estamos localizados, nosso endereço cósmico, é uma poeira, um cisco no imensurável painel da criação. Tantos outros existem por misericórdia e compaixão divina.

Reflitamos que, se não conseguirmos nosso passaporte para moradas melhores, angariando o direito a outros estágios de vida que só o melhoramento de nosso caráter propiciará, aqui e agora, continuaremos nesta Terra de humanos, que já foi um belo planeta, reconheçamos, dito até na gênese de muitas religiões como um paraíso, que corre o risco de se exaurir, pela completa destruição da natureza pelos homens. Se isso ocorrer, os Orixás não mais conseguirão vibrar no orbe.

O que será que acontecerá, se este dia chegar?

Onde estaremos?

Como habitaremos?

O que será de nossas vidas?

Oxalá é a maturidade, o "mundo" íntimo psíquico construído

Oxalá expulsa o filho chamado Dinheiro

Oxalá tinha um filho chamado Dinheiro, prepotente e abusado, que se achava mais poderoso que o pai. Contando vantagem, proclamou ser tão destemido que era capaz de capturar até a Morte.

Para demonstrar seu poder perante todos, Dinheiro pôs-se a pensar como realizar tal façanha. Fez um ebó e saiu maquinando. Onde morava Icu, a Morte? Onde a encontraria?

Deitou-se na encruzilhada para pensar melhor. As pessoas que passavam na estrada se deparavam com um homem espichado no meio do caminho. Até que um transeunte disse assim: "Que faz este homem assim, esticado no caminho, com a cabeça para a casa da Morte, os pés para as bandas da doença e os lados do corpo para o lugar da desavença?".

Ouvindo tais palavras, Dinheiro levantou-se e disse: "Já sei tudo o que era preciso saber!".

E lá se foi ele, direto para o lugar onde a Morte residia. Chegando à casa dela, entrou sorrateiramente e começou a bater os tambores fúnebres que a dona da casa usava quando matava as pessoas. Icu veio apressada, irritada mesmo, e entrou em casa afoitamente, sem nenhum cuidado, querendo saber quem estava tocando seus tambores. Dinheiro tinha uma rede preparada, que jogou sobre a Morte, fazendo-a prisioneira. Feliz da vida, lá foi Dinheiro para a casa de seu pai, levando sua horrenda presa para provar seu poder.

Mas Oxalá o recebeu furioso: "Ah! Tu, que és capaz de causar todo o bem e todo o mal, agora te atreves a trazer à minha casa a própria Morte, só para dar provas de tua força! Vai-te embora daqui com tua conquista, filho destemperado. Dinheiro que carrega a Morte nunca será boa coisa, mesmo que tudo possa comprar e possuir".

E assim Oxalá expulsou Dinheiro de sua casa.

Nota: Ebó (do iorubá ẹbọ), oferta ou oferenda. É uma oferenda das religiões afro-brasileiras dedicada a algum Orixá. Existem vários tipos de Ebó: oferta de agradecimento e comunhão, apaziguamento, preventivo, limpeza, preceitos, fundações, consagrações, outros. Na Umbanda, as oferendas não são feitas com sacrifícios animais.

Oxalá é o modelo que todo homem deve seguir para galgar outro patamar de existência, liberto do ciclo terreno. A maturidade que devemos alcançar, quando tivermos nosso mundo íntimo e psíquico consolidado, positivamente, com aquisições perenes na encarnação, nos conduz a vencermos nosso maior desafio: o ego.

Na busca de realização diante de uma sociedade profana, materialista e competitiva, no mais das vezes nos deixamos conduzir pela cobiça desenfreada. A ânsia de ganho apodera-se de nosso modo de ser, escravizando-nos cruelmente.

Sabidamente, o dinheiro é obstáculo intransponível ainda para a maioria dos cidadãos. Relacionamo-nos com as moedas e cédulas dubiamente – se as ganhamos sobejamente, tornamo-nos soberbos, vaidosos e preenchidos de autossuficiência, cheios de empáfia. Muitos vivem a vida como se fossem eternos, sonhando que a morte um dia não lhes baterá no peito com seu alfanje. São indivíduos que transbordam um fastio, como se nada fosse lhes faltar, nunca, trancados numa redoma ilusória. Em contrário, se míngua o dinheiro, fazemo-nos rancorosos, vítimas do destino, invejosos dos mais afortunados.

Há ainda os que desejam o fracasso dos outros, para justificarem a si mesmos suas inépcias em ser bem-sucedidos, seja em que for a que se propõem.

Nas encruzilhadas da vida, que cruzamos ao longo de uma breve existência, animando corpos físicos frágeis e transitórios, pisamos e machucamos aqueles que ombreiam conosco e almejam um espaço semelhante ao que buscamos. Por vezes, geramos desafetos, intrigas e desavenças espalhando infortúnios, a dita "má sorte", e por não termos uma boa cabeça, ausenta-nos o caráter benfeitor. Nossa "boa sorte" não pode ser alcançada gerando prejuízos alheios, desemprego, corrupção, assédios morais, exploração da fé e até abusos espirituais e sexuais, que tanto verificamos, infelizmente, nos dias atuais, vinculados aos serviços públicos, privados, de instituições políticas e até de religiões.

Especificamente no meio espiritualista, muitos se gabam veladamente do conhecimento adquirido, em grupos eletivos de estudos, distantes dos consulentes. Tudo sabem em teoria, acham-se melhores e mais evoluídos. São os "direitistas" e "salvos", que se reproduzem nesta Nova Velha Era. Quando são expostos aos consulentes, cansam-lhes rapidamente os intelectos avantajados, distanciados que estão da realidade da dor e sofrimento humanos, tão comuns nas engiras públicas de Umbanda.

O contato com o outro, com a assistência, como o vivenciado na Umbanda, nos desperta a consciência de servir desinteressadamente, de esquecermo-nos de nós mesmos, praticando verdadeiramente o que falamos ou escrevemos. Enquanto botamos defeitos no bem realizado pelos outros, como sendo meros estímulos externos, esquecemos que cada ser é internamente único e não nos cabe julgar. Não somos nós juízes, seja de quem for. Se cada um cuidasse da chama de sua vela, ninguém queimaria a mão, ou, o que é pior, a língua! Cuidemos mais de nossas vidas e falemos menos da vida dos outros. Oxalá a todos assiste, assim como o Sol ilumina nossas cabeças incondicionalmente. Não nos esqueçamos de que todos nós fazemos sombra para baixo na luz que nos incide do Alto.

Muitos colocam defeitos nas obras alheias e nada realizam. Há que se ter coragem de fazer. Dizia Pai Guiné de Angola, vibrando pela mediunidade de Matta e Silva: "Mais vale o médium vaidoso que realiza do que o humilde que nada faz".

A mediunidade para a obra da caridade requer obreiros de coragem, com atitude! É presunção achar que é preciso ser perfeito para fazer a caridade. Falta-nos coragem, desculpamo-nos e nada fazemos. E é covarde e presunçoso quem aponta defeitos no trabalho dos outros, se esquecendo de olhar para si mesmo.

Por outro lado, trazemos um enorme manancial de culpa cristalizado no inconsciente coletivo. Ganhar dinheiro "fecha" as portas do Céu, pois é mais fácil um camelo passar no buraco de uma agulha do que um rico. Vamos refletir melhor sobre isso; assim como no mito narrado o filho Dinheiro é expulso da casa de Oxalá, não significa que não possamos ganhá-lo honestamente, sabendo como.

Ocorre que, notadamente, os religiosos e os médiuns têm dificuldade de lidar com a abundância e a prosperidade no sentido material mesmo, de progresso na vida humana. É certo que o exercício mediúnico deve se pautar pela seguinte máxima: "dar de graça o que de graça recebemos". O que chama a atenção é que seguidamente temos médiuns operosos, dedicados, assíduos, e suas vidas não têm prosperidade. Conversando aqui e ali, verificamos que ainda temos marcado muito forte em nosso inconsciente que ganhar dinheiro é uma coisa ruim, que não combina com o sagrado, que vai nos atrapalhar. Verificamos, ainda, um medo de "não entrar no Céu", decorrente da explicação de Jesus acerca da dificuldade de um rico alcançar esse feito, quando disse ser mais fácil um camelo passar no buraco da agulha do que isso acontecer. A resposta de Jesus para o jovem rico que o perquiriu não se baseou só em sua riqueza, mas no fato de que seu coração estava cheio de avareza e idolatria pelas moedas. Não é possível que Deus seja contra a riqueza, a troca mercantil, o progresso. O jovem rico, ao inquirir de Jesus sobre o que fazer para herdar a vida eterna, ouviu do Mestre que deveria desfazer-se de suas riquezas, para ter um tesouro no Céu. A questão não era o dinheiro que o jovem acumulava, e sim sua idolatria pelo material. A explicação de Jesus, dizendo que é mais fácil um camelo passar por um buraco de agulha do que um rico entrar no Céu, incorretamente interpretada até os dias atuais, faz muitos pregarem contra os bens materiais e acreditarem apenas na trilogia: espírito, Céu e pobreza.

Com certeza, nosso coração e nossa consciência não devem estar apenas nas riquezas pueris. Todavia, ganhar dinheiro honestamente, em abundância, não constitui maior empecilho do que o mundo profano, os apelos carnais e o próprio orgulho, uma vez que ser pobre não é ser humilde, ético e de elevada moral, ou vice-versa. No exemplo do jovem, diante de Jesus, recomendou-se, de forma figurada, que ele deveria deixar o apego às riquezas. Na verdade, a riqueza potencializará o que nossas emoções negativas exprimem em nosso modo de ser, como um meio de exacerbação involuntária da falta de autoconhecimento, como o é o apego à fama, ao talento reconhecido para vanglória pessoal e menosprezo dos menos aquinhoados, ou ao intelectualismo exagerado, à sexolatria e à vaidade desmedidas.

Infelizmente, a mentalidade dominante no meio judaico-cristão – incluindo-se parcela significativa da Umbanda, pois seria impensável negarmos a influência católica em nossas comunidades – é a de "bem-aventurados os pobres", quando deveríamos enfatizar: "o Senhor é meu pastor; nada me faltará".

Equivocadamente vibramos na escassez e, não raras vezes, diante das oportunidades que nossas capacidades inerentes nos aquinhoam, nos sabotamos não concretizando projetos e metas perseguidas.

O mito trata da relação de poder que o dinheiro oferece. Quando espalhamos à nossa volta, para adquirir e acumular riquezas, a "morte", não é boa coisa, não atraímos "boa sorte", os bons augúrios sob os auspícios da Lei Divina e de Oxalá. A "morte" é simbólica, ninguém morre de fato. Deixamos de ocupar provisoriamente um corpo físico, até voltarmos em nova etapa de experiências carnais. Em verdade, "matamos" amizades, afetos, relacionamentos, parceiros, sócios, filhos e cônjuges quando os prejudicamos em suas vidas com nossos atos ambiciosos, sem olhar a quem não beneficiamos, exceto e somente nossos "umbigos".

Tudo podemos comprar e "possuir", mas como o fazemos não deve contrariar o código ético e moral do Grande Orixá do Manto Branco. O desapego, o respeito às diferenças, a alteridade, não fazer ao outro o que não queremos que nos façam... são atitudes que nos mantêm dentro da casa de Oxalá.

Em contrário, assim como Jesus expulsou os vendilhões do templo, seremos jogados para fora da casa de Oxalá, ou, o que é mais grave, Exu, que é o "dono" da encruzilhada em frente à morada d'Ele, não nos permitirá passar, "trancando" a porteira da estrada. Assim, "expulsamos" a prosperidade e a abundância de nosso roteiro, de nossos caminhos, consequência de nossas atitudes infantis, egoístas e ambiciosas.

Ao chegarmos ao topo do sucesso e às plenas realizações da vida humana, que se concretizam ao atingirmos as metas pessoais pela vontade direcionada com esforço e trabalho, teremos equilíbrio psíquico e com as Leis Cósmicas se, durante o percurso, redistribuirmos progresso, alegria, realizações, afetividades, justiça, ética e moral, para todos que caminharam lado a lado conosco na breve encarnação. Assim, teremos uma boa colheita ao final, pelo bom plantio no início e zelo criterioso com nosso destino durante a curta estada terrena.

Oxalufã é a decrepitude, o "peso" do mundo e a chegada da morte

Oxalufã é banhado com água fresca e limpa ao sair da prisão

Um dia, Oxalufã, que vivia com seu filho Oxaguiã, velho e curvado por sua idade avançada, resolveu viajar a Oyó em visita a Xangô, seu outro filho. Foi consultar um babalaô para saber acerca do passeio.

O adivinho recomendou-lhe não seguir viagem, pois a jornada seria desastrosa e poderia acabar muito mal. Mesmo assim, Oxalufã, por teimosia, resolveu não renunciar à sua intenção. O adivinho aconselhou-o, então, a levar consigo três panos brancos, limo da costa e sabão da costa. E disse a Oxalufã ser imperativo, tudo aceitar com calma e fazer tudo que lhe pedissem ao longo da estrada. Com tal postura, talvez pudesse não perder a vida no caminho.

Em sua caminhada, Oxalufã encontrou Exu três vezes. Três vezes Exu solicitou ajuda ao velho Rei para carregar seu fardo pesadíssimo de dendê, cola e carvão, o qual Exu acabou, nas três vezes, derrubando em cima de Oxalufã. Três vezes Oxalufã ajudou Exu a carregar seus fardos sujos. E por três vezes Exu fez Oxalufã sujar-se de azeite de dendê, de carvão e outras substâncias enodoantes.

Três vezes Oxalufã ajudou Exu. Três vezes suportou as armadilhas de Exu. Três vezes foi Oxalufã ao rio mais próximo lavar-se e trocar as vestes.

Finalmente, chegou Oxalufã à cidade de Oyó. Na estrada, viu um cavalo perdido, que ele reconheceu como o cavalo que havia presenteado a Xangô. Tentou amansar o animal para amarrá-lo e devolvê-lo ao amigo, mas nesse momento chegaram alguns soldados do rei à procura do cavalo perdido. Viram Oxalufã com o cavalo e pensaram tratar-se do ladrão do animal. Maltrataram e prenderam Oxalufã.

Sempre calado, o Orixá deixou-se levar prisioneiro. Magoado e desgostoso, foi arrastado ao cárcere sem comiseração. O tempo passou e Oxalufã continuava preso e sem direito de defesa. Humilhado, decidiu que aquele povo presunçoso e injusto merecia uma lição.

O velho Orixá usou de seus poderes e vingou-se de Oyó. Assim, Oyó viveu por longos sete anos a mais profunda seca. As mulheres e os campos tornaram-se estéreis e muitas doenças incuráveis assolaram o reino.

O rei Xangô, em desespero, consultou o babalaô da corte e soube que um velho sofria injustamente como prisioneiro, pagando por um crime que não cometera. Disse-lhe também que o velho nunca havia reclamado, mas que sua vingança tinha sido a mais terrível.

Xangô correu imediatamente para a prisão. Para seu espanto, o velho aprisionado era Oxalufã. Xangô ordenou que trouxessem água do rio para lavar o rei, água limpa e fresca das fontes para banhar o velho Orixá – que lavassem seu corpo e o untassem com limo da costa. Que providenciassem os panos mais alvos para envolvê-lo. O rei de Oyó mandou seus súditos vestirem-se de branco também. E determinou que todos respeitassem em silêncio. Pois era preciso, respeitosamente, pedir perdão a Oxalufã.

Xangô vestiu-se também de branco e nas suas costas carregou o velho rei. E o levou para as festas em sua homenagem, e todo o povo saudava Oxalá e todo o povo saudava Airá, o Xangô Branco.

Depois, Oxalufã voltou para casa e Oxaguiã ofereceu um grande banquete em celebração pelo retorno do pai. Terminadas as homenagens, Oxalufã partiu de volta para casa. Caminhava lentamente, apoiando-se no opaxorô, comprido báculo de lenho que o ajuda a se locomover. Seus acompanhantes cobriam-se com o branco alá, alvo pálio que protege o velho Orixá da luz e do calor do sol.

Quando Oxalufã chegou em casa, Oxaguiã realizou muitos festejos para celebrar o retorno do velho pai.

Nota: Oxaguiã, na mitologia ioruba, é um jovem guerreiro, um Oxalá jovem, filho de Oxalufã. Segundo Mãe Stella, IyalOrixá do Ilê Axé Opô Afonjá:

"Oxaguiã é *um Orixá guerreiro. Sua maior luta é pela perfeição: de si mesmo, dos outros e das coisas. Odeia a preguiça, que ele considera o inimigo número um da perfeição. O caminho para a perfeição não é reto, ele é cheio de saliências e reentrâncias. É um caminho individual, como individual é o encontro que cada um tem com sua própria forma de construir e reconstruir seus palácios, sejam eles de areia ou de cristal. A perfeição, como o próprio nome indica, é um movimento em direção a: alguma coisa, algum lugar, alguém... aperfeiçoar-se é simplesmente manter-se em movimento; é buscar sempre o que lhe parece faltar a cada dia, a cada momento. E é Oxaguiã o Orixá que nos auxilia a manter acesa essa chama. É Oxaguiã o Orixá que estimula o progresso.*"

Oxalufã é o Oxalá "velho", Orixá do grupo dos Funfun – manto branco – que simboliza a paz, a harmonia e a sabedoria alcançadas depois dos conflitos da juventude. Ao menos, assim deveria ser. Sabemos que a senioridade – no sentido de mais vivido e velho – nem sempre é sinônimo de sapiência nos dias atuais, onde a longevidade não multiplica a maturidade. Ao contrário do tempo dos pretos velhos, quando a maioria morria jovem ainda nas senzalas, época em que ser preto, e velho ainda por cima, era *status* de quem só poderia ser muito sábio.

Em nossa abordagem, este Orixá representa o fim de ciclo que se aproxima sinalizando o recomeço. Esotericamente, Oxalufã é o princípio da criação, o poente depois do nascente, paradoxalmente, o início que começa pelo fim. É simbolizado pela cor branca, como a tela não pintada de um futuro quadro, o "espaço" cósmico onde tudo pode ser criado. É a consciência serena pelas realizações retas, proveitosas para o coletivo, concretizadas em ações que redundam num conjunto de hábitos morais interiorizados.

O mito nos fala de processos depurativos, referentes à "limpeza" de nossas vestes perispirituais, no ciclo final de nossa breve existência humana. Mesmo velhos e curvados pelo tempo e pela idade avançada, no mais das vezes contrariamos o bom senso e "embarcamos" em viagens perigosas. Ocorre que não renunciamos às nossas intenções e vícios de comportamento, aos pequenos "cacoetes" de temperamento psicológico, e assim tornamo-nos teimosos, ranzinzas.

Ao longo da estrada no percurso final, deveríamos aceitar os "acidentes" com calma, raiz das inúmeras experiências acumuladas, frutificando em prudência. Quantas vezes nos expomos, colocando nossas vidas em risco – alimentação errada, sedentarismo, desânimo, excesso de medicamentos, relacionamentos belicosos com familiares...

Em nossas caminhadas, Exu nos acompanha sempre, mas não dá os passos por nós. Nos três ciclos principais da vida humana: nascimento e juventude, maturidade e depois velhice, Exu nos solicita que carreguemos o "fardo"; o carrego é nosso e não dele. Seja para quem for, não existem "arregos" ou privilegiados para Exu, o grande mediador e organizador do sistema cósmico, para muitos o primeiro Orixá criado. Se formos "negligentes", por teimosia, com as consequências dos atos que nós mesmos praticamos, contrariamos nosso programa de vida, aceito antes de reencarnarmos. Existe uma sincronicidade cósmica, uma variável constante que nos envolve, derivada da Lei Maior de Causa e Efeito, que interliga tudo e todos. O retorno de nossas atitudes negativas acaba "sujando" nosso perispírito, demarcando-lhe nódoas que, inexoravelmente, terão que ser "limpas", mais cedo ou mais tarde. Ou seja, as "armadilhas" e dificuldades que nos colocam em risco se dão quando não estamos alinhados com nosso destino, sem determinismos rígidos como ditam certas religiões dogmáticas.

Não nos damos conta, mas inúmeras vezes tentamos resolver os problemas de filhos, netos, genros, noras, "arrumando" seus equívocos como se fossem cavalos perdidos. Almejamos repor perdas, que não são nossas, e aí geramos incompreensões no campo dos relacionamentos interpessoais.

A rede cósmica universal, invisível, que nos abraça, não nos trata com comiseração. Por vezes, nos vemos envolvidos em situações que nos "arrastam" ao cárcere psíquico, sem direito a defesa. Reflitamos que somos constantemente "julgados" pelos olhos do povo, que só enxergam as aparências efêmeras, por parentes invejosos e colegas de trabalhos ciumentos. A sabedoria se alcança com o peso da idade e nos conduz ao bom senso, a não empreendermos viagens em que corramos riscos desnecessários.

A Lei Divina impacta nas individualidades e no coletivo. De nada adianta ficarmos magoados e desgostosos se nos posicionarmos contra o fluxo cósmico de abundância, sejamos um cidadão ou uma nação. Assim como um graveto não sobe o rio contra a correnteza, existe uma força maior que nos impulsiona na direção do contínuo melhoramento íntimo.

A "vingança" de Oxalufã é simbólica. Quantos povos e regiões na face planetária "sofrem" por secas, enchentes, convulsões sociais, guerras e fome? Não existem injustiças e tudo acontece encadeado numa malha sincrônica, de ação e reação, de causa e efeito...

Em nossa velhice, devemos já ter aprendido a fazer silêncio e os que estão conosco terão que nos respeitar. Conquistamos um "espaço", e se fomos e somos justos em nossas escolhas, não interferindo nas vidas alheias, não contrariamos nosso próprio destino, aliviando o "carrego" do fardo existencial que trouxemos ao reencarnar. Exu "atrapalha-nos" se nos equivocamos, ele não facilita em nada. Exu pode caminhar ao nosso lado, mas não caminha por nós, nem carrega um grão de areia se é pertencente a nós.

Se bem-sucedidos terminarmos nosso roteiro de viagem terreno, um "banquete" de celebração nos aguarda após nosso retorno ao lado de lá da vida. A volta do mundo é lenta e grande, mas o poder de Oxalá é maior. Ao findarmos o percurso, quase não conseguimos nos manter em pé no corpo físico carcomido. Por outro lado, o espírito está fortalecido, como o calor do Sol, pois somos também luzes, somos pequenos Orixás. Vós sois deuses, vaticinou o maior dos Mestres.

As flores de Obaluaiê, o Senhor da Terra, o retorno à origem

Obaluaiê tem as feridas transformadas em pipoca por Iansã

Chegando de viagem à aldeia onde nascera, Obaluaiê viu que estava acontecendo uma festa com a presença de todos os Orixás.

Obaluaiê não podia entrar na festa, devido à sua medonha aparência. Então, ficou espreitando pelas frestas do terreiro.

Ogum, ao perceber a angústia do Orixá, cobriu-o com uma roupa de palha que ocultava sua cabeça e convidou-o a entrar e aproveitar a alegria dos festejos. Apesar de envergonhado, Obaluaiê entrou, mas ninguém se aproximava dele.

Iansã tudo acompanhava com o rabo de olho. Ela compreendia a triste situação de Obaluaiê e dele se compadecia. Iansã esperou que ele estivesse bem no centro do barracão.

O xirê estava animado. Os Orixás dançavam alegremente com suas equedes.

Iansã chegou, então, bem perto dele e soprou suas roupas de mariô, levantando as palhas que cobriam suas pestilências. Nesse momento de encanto e ventania, as feridas de Obaluaiê pularam para o alto, transformadas numa chuva de pipocas, que se espalharam brancas pelo barracão. Obaluaiê, o Deus da Doença, transformou-se num jovem, num jovem belo e encantador.

Obaluaiê e Iansã tornaram-se grandes amigos e reinaram juntos sobre o mundo dos espíritos, partilhando o poder único de abrir e interromper as demandas dos mortos sobre os homens.

Obaluaiê é uma flexão das palavras Obá (rei), Oluwô (senhor), Aiyê (terra). Então, este Orixá é o "Rei Senhor da Terra". Está ligado ao Sol, à quentura do astro-rei que "abrasa" a terra. É o soberano da terra e do seu interior. Em sua representação antropomorfa (humana), cobre-lhe o rosto um filá (vestimenta de palha da costa), pois não conseguimos olhar para seu rosto sem que nos ceguem os olhos, dada a intensa luz que emite, como se fosse um Sol em miniatura.

Sobre a "palha da costa" – há que se comentar que, na complexa e ampla simbologia nagô, qualquer feixe composto por um número expressivo de elementos significa a multiplicidade do coletivo, todos unidos formando um só. O significado oculto do filá é que ele corresponde à população de mortos, de eguns e espíritos ancestrais que vivem adjacentes e justapostos à Terra. A palha da costa provém de uma planta considerada sagrada para os africanos iorubás, tanto que suas fibras fazem parte de todos os rituais ligados aos desencarnes. Suas vestes revelam "a existência de alguma coisa que deve ficar oculta, proibida e que inspira grande respeito, algo secreto que só pode ser compartilhado pelos que foram especialmente iniciados" (SANTOS, J.E., 1976:98). Podemos inferir que os mistérios dos ciclos de nascimento, vida e morte são amplos o suficiente para que não consigamos entendê-los em plenitude, e contraproducentes se revelados aos cidadãos de senso comum.

Obaluaiê relaciona-se com o funcionamento do organismo e rege a saúde. Entendamos saúde sob o prisma espiritual, metafísico. Temos um veículo perene de expressão que é o corpo astral – perispírito. Os processos de moléstias físicas são depurativos deste envoltório mais sutil, que num efeito de repercussão vibratória escoa para a contraparte orgânica as enfermidades vibrando nele, e que de regra trazemos de vidas passadas. Esquecemos que, a cada vez que morremos e voltamos a nascer, é como se trocássemos de roupa. A vestimenta externa é o corpo físico, que mudamos a cada novo nascimento.

Sendo o Senhor da Terra e de suas camadas internas, remete-nos ao local de onde todos viemos e para onde voltaremos inexoravelmente. Daí sua ligação com os mortos, uma vez que o corpo físico sem vida lhe "pertence"; o que foi pego da terra, a partir do barro primordial, terá que ser-lhe devolvido.

Assim como narra o mito, Obaluaiê divide com Iansã a regência dos cemitérios. Iansã zela pelos eguns, espíritos de recém-desencarnados, enquanto Obaluaiê absorve os restos cadavéricos no interior de seu próprio reino. O cemitério, a calunga pequena, é um ponto vibrado de passagem de um plano a outro e ao mesmo tempo um local de expurgo e decantação energética. Nem todos os espíritos passam para o lado de lá, muitos ficam por aqui, retidos no "campo santo", enquanto outros nem aí têm merecimento de permanecerem, então perambulam na crosta com fome, sede e perturbados por acharem-se ainda vivos no corpo de carne, sentindo as mesmas sensações de antes, mas não conseguindo satisfazer-se, pois estão desencarnados.

Obaluaiê está presente nos hospitais, nas alas de pacientes terminais, unidades de tratamentos intensivos e oncologias, sempre próximo aos leitos de morte, postos de saúde, pronto-socorros e locais de acidentes. Os mutilados, aleijados e enfermos têm o beneplácito de sua misericórdia. As doenças e moléstias, sejam quais forem, em verdade são a cura perene do espírito que "sujou" suas vestes em atos passados. Entendamos que temos vários corpos mais sutis e perenes: astral, mental... ao contrário do transitório corpo carnal e etéreo.

As pipocas que estouram e saem para fora, espalhando-se, são uma metáfora interessantíssima. Por vezes, a doença se estabelece para transformar os caroços duros que temos dentro de nós, abrindo-os como uma flor, no calor das experiências e atritos terrenos.

Para aprofundarmos o tema, transcrevemos parte de um artigo sobre o simbolismo religioso da pipoca, de autoria de Rubem Alves, extraído do jornal *Correio Popular*, de Campinas (SP), onde o mesmo mantém uma coluna bissemanal:

Para os cristãos-católicos, religiosos são o pão e o vinho que simbolizam o corpo e o sangue de Cristo, a mistura de vida e alegria (porque a vida, só vida, sem alegria, não é vida...). Pão e vinho devem ser bebidos juntos. Vida e alegria devem existir juntas. E as pipocas, que são comida e oferenda sagrada na Umbanda e nas religiões afro-brasileiras?

A pipoca é um milho mirrado, subdesenvolvido. Fosse eu agricultor ignorante, e se no meio dos meus milhos graúdos aparecessem aquelas espigas nanicas, eu ficaria bravo e trataria de me livrar delas. Pois o fato é que, sob o ponto de vista de tamanho, os milhos da pipoca não podem competir com os milhos normais. Não sei como isso aconteceu, mas o fato é que houve alguém que teve a ideia de debulhar as espigas e colocá-las numa panela sobre o fogo, esperando que assim os grãos amolecessem e pudessem ser comidos. Havendo fracassado a experiência com água, tentou a gordura. O que aconteceu, ninguém jamais poderia ter imaginado. Repentinamente os grãos começaram a estourar, saltavam da panela com uma enorme barulheira. Mas o extraordinário era o que acontecia com eles: os grãos duros quebra-dentes se transformavam em flores brancas e macias que até as crianças podiam comer. O estouro das pipocas se transformou, então, de uma simples operação culinária, em uma festa, brincadeira, molecagem, para os riscos de todos, especialmente das crianças. É muito divertido ver o estouro das pipocas!

A transformação do milho duro em pipoca macia é símbolo da grande transformação por que devem passar os homens para que eles venham a ser o que devem ser. O milho da pipoca não é o que deve ser. Ele deve ser aquilo que acontece depois do estouro. O milho da pipoca somos nós: duros, quebra-dentes, impróprios para comer; pelo poder do fogo podemos, repentinamente, nos transformar em outra coisa — voltarmos a ser crianças!

Mas a transformação só acontece pelo poder do fogo. Milho de pipoca que não passa pelo fogo continua a ser milho de pipoca, para sempre. Assim acontece com a gente. As grandes transformações acontecem quando passamos pelo fogo. Quem não passa pelo fogo fica do mesmo jeito, a vida inteira. São pessoas de uma mesmice e de uma dureza assombrosas. Só que elas não percebem. Acham que o seu jeito de ser é o melhor jeito de ser. Mas, de repente, vem o fogo. O fogo é quando a vida nos lança numa situação que nunca imaginamos. Dor. Pode ser fogo de fora: perder um amor, perder um filho, ficar doente, perder um emprego, ficar pobre. Pode ser fogo de dentro: pânico, medo, ansiedade, depressão — sofrimentos cujas causas ignoramos. Há sempre o recurso aos remédios. Apagar o fogo. Sem fogo o sofrimento diminui. E com isso a possibilidade da grande transformação.

Imagino que a pobre pipoca, fechada dentro da panela, lá dentro ficando cada vez mais quente, pense que sua hora chegou: vai morrer. De dentro de sua casca dura, fechada em si mesma, ela não pode imaginar a transformação que está sendo preparada. A pipoca não imagina aquilo de que ela é capaz. Aí, sem aviso prévio, pelo poder do fogo, a grande transformação acontece: pum! — e ela aparece como uma outra coisa, completamente diferente, que ela mesma nunca havia sonhado. É a lagarta rastejante e feia que surge do casulo como borboleta voante.

Na simbologia cristã, o milagre do milho de pipoca está representado pela morte e ressurreição de Cristo: a ressurreição é o estouro do milho de pipoca. É preciso deixar de ser de um jeito para ser de outro.

O processo íntimo de mudança, simbolicamente, é como se colocássemos pipocas numa panela em fogo quente. A quentura nos indica a ação transformadora de Obaluaiê, a panela é o nosso corpo físico, as pipocas que estouram significam aquilo que estamos conseguindo mudar dentro de nós, melhorando-nos e, consequentemente, atraindo uma vida de relação humana mais saudável. Nem todos os milhos de pipoca na panela estouram. Há até alguns que ficam duros e torrados, estes são os nossos impulsos atávicos mais cristalizados, nossas escoras de proteção do ego, escaramuças que disfarçam nossas fraquezas de caráter e que de momento não temos coragem de mexer ou não estamos preparados para mudar.

Todos nós já morremos muitas vezes. Deixamos "infinitos" despojos cadavéricos em milhares de covas em miríades de encarnações. Morreremos novamente e, enquanto tivermos caroços duros dentro de nós, voltaremos, até que estas nódoas se transformem nas Flores de Obaluaiê, pipocas saltitantes para fora da panela do ciclo humano e carnal de reencarnações sucessivas.

# CAPÍTULO 9
O FIM DOS CICLOS
É UM RECOMEÇO

Nanã fornece a lama para a modelagem do homem

Dizem que quando Olorum encarregou Oxalá de fazer o mundo e modelar o ser humano, o Orixá tentou vários caminhos.

Tentou fazer o homem de ar, como ele. Não deu certo, pois o homem logo se desvaneceu. Tentou fazer de pau, mas a criatura ficou dura. De pedra ainda a tentativa foi pior. Fez de fogo e o homem se consumiu. Tentou azeite, água e até vinho de palma, e nada.

Foi então que Nanã veio em seu socorro. Apontou para o fundo do lago com seu ibiri, seu cetro e arma, e de lá retirou uma porção de lama.

Nanã deu a porção de lama para Oxalá, o barro do fundo da lagoa onde morava ela, a lama sob as águas, que é Nanã. Oxalá criou o homem, o modelou no barro. Com o sopro de Olorum ele caminhou. Com a ajuda dos Orixás povoou a Terra.

Mas tem um dia que o homem morre e seu corpo tem que retornar à terra, voltar à natureza de Nanã. Nanã deu a matéria no começo, mas quer de volta no final tudo o que é seu.

O mito começa com "dizem...". Quem disse inicialmente foram os mais velhos, os antigos babalaôs, que criaram as narrativas para explicar aos cidadãos comuns africanos, trabalhadores braçais eminentemente agrícolas, os assuntos iniciáticos de maneira simples e didática, com o objetivo de instruir quanto aos aspectos mais profundos da gênese do homem, do planeta e do Cosmo.

Não temos condição evolutiva de sermos iguais a Oxalá, embora potencialmente em estado de germinação tenhamos esta possibilidade, adormecida, pouco desenvolvida. Nossos corpos mediadores, astral e etéreos, são densos e símiles aos nossos impulsos primários, egoístas e instintivos, que nos fazem violentos, ciumentos, vaidosos, individualistas e convencidos de que somos os seres mais perfeitos da Terra. A dimensão que as consciências cósmicas ditas "oxalás" habitam, e Jesus é um deles, requer veículos de manifestação diáfanos, fora do Plano Astral.

Embora sejamos feitos à imagem e semelhança do Criador, pois temos "dentro" de nós uma base formadora "incandescente", que é a nossa centelha divina, estamos muito aquém de sermos uma chama pujante, quiçá labareda. Estamos mais para um lampião com o vidro sujo de fuligem do que para uma lâmpada luminosa. Mesmo tendo uma chispa que é nosso Eu mais profundo, em similitude ao fogo primevo da criação de tudo que existe no Universo manifesto aos nossos sentidos e imanifesto aos mesmos, por serem metafísicos, não temos capacidade mental e nem espiritual de compreender onde moram os arquitetos siderais, como o são os espíritos afins que se fazem unidade com Oxalá.

Não conseguimos ser "fabricados" só de água. Todavia, não vivemos sem este elemento. A água carrega o simbolismo da fertilidade, de regar a terra, mas sozinha não faz a semente germinar e crescer. Segundo a narrativa apresentada, concluímos que da terra nasce a água e da água se forma a lama, em verdade o significante do barro primordial utilizado pelo oleiro divino para fazer os corpos humanos para os homens poderem nascer no orbe.

Pelo que foi dito até aqui, podemos concluir que somos ar, fogo, água e terra, mas primordialmente viemos da terra.

Nanã é considerado o mais velho ou mais velha das divindades das águas; não das ondas do mar, nem dos rios ou cascatas, "pertencentes" a Iemanjá e Oxum, outras duas das Iabás (grandes mães), mas das águas paradas do fundo dos lagos e pântanos lodosos, bem como de todas as nascentes do solo terreno. Esses sítios vibracionais da natureza, afins com Nanã, lembram os primórdios da formação do planeta. Dentro da terra, no interior escuro e úmido, processam-se as misteriosas transformações que oportunizam que a vida se manifeste. A terra-mãe, a fertilidade que alimenta os seres vivos animais e a humanidade, é a "matriarca" dos grãos que morrem e renascem para matar a fome. Morte e vida são partícipes dos ciclos cósmicos, assim como as estrelas deixam de brilhar e sóis desaparecem a cada segundo.

A terra e a água são geradoras da vida e fornecedoras de força vital, absorvem e transmutam tudo que morre e revitalizam o sistema da biosfera terrena. Por isso, Nanã é a poderosa divindade "dona dos cauris (búzios)", que são conchas aquáticas que simbolizam a morte, por estarem vazias, e ao mesmo tempo a fecundação, pela semelhança com a genitália feminina. A morte, condição de renascimento e de fecundidade, é o significado mais profundo deste Orixá, grande mãe protetora, justa e severa.

O instrumento ritual de Nanã é o ibiri, feito de palitos – feixes – de dendezeiro, representando o seu próprio "filho" da terra (Obaluaiê), que o deixa em seus braços como se fosse uma criança que carrega no colo. Muitas pretas velhas incorporam em seus médiuns como se carregassem um bebê nos braços, num leve balanço de um lado a outro, mas em verdade estão com um ibiri plasmado etericamente, recolhendo os espíritos sofredores nas sessões de caridade umbandistas. Ocorre que o ibiri representa os habitantes do Mundo dos Mortos, considerados todos filhos de Nanã, assunto que detalharemos melhor no capítulo "Nanã, a mãe das mães, o acolhimento de desencarnados em seus 'braços' e a travessia final".

Os ciclos de vida têm início, meio e fim. Assim como uma fila em que os mais velhos estão na frente por ordem rigorosa de idade, e os mais novos por último – quando se faz um círculo para se darem as mãos, o mais velho ficará de mãos dadas com o mais moço, simbolizando que o velho morre e o novo nasce. A morte faz parte dos renascimentos sucessivos aos quais todos nós, humanas criaturas, estamos expostos, compondo um círculo cósmico que nos une e que não tem início, nem fim.

Volta à natureza a matéria emprestada que formou o corpo físico. Liberta-se provisoriamente o espírito imortal, nossa essência divina.

Obatalá decidiu que os homens morrerão

Obatalá cria Icu, a morte

O homem foi criado e povoou a Terra, mas os seres humanos começaram a se imaginar com os poderes que eram dos Orixás. Os homens deixaram de alimentar as divindades. Os homens, imortais que eram, pensavam em si mesmos como deuses, não precisavam de outros deuses.

Cansado dos desmandos dos humanos, a quem criara na origem do mundo, Obatalá decidiu viver com os Orixás no espaço sagrado que fica entre o Aiê (Terra) e o Orum (Plano Espiritual).

E Obatalá decidiu que os homens deveriam morrer; cada um num certo tempo, numa certa hora. Então, Obatalá criou Icu, a Morte. E a encarregou de fazer morrer todos os humanos. Obatalá impôs, contudo, uma condição: só Olodumaré podia decidir a hora de morrer de cada homem.

A Morte leva, mas não decide a hora de morrer. O mistério maior pertence exclusivamente a Oludumaré.

Como registramos anteriormente, Obatalá é o mesmo que Oxalá. Adotamos este critério pelo fato de os Orixás Funfun – manto branco – da cosmogonia iorubana serem pouco conhecidos. O consagrado autor e professor José Beniste referenda este "sincretismo". Deixamos o presente mito como Obatalá, para não alterar a originalidade do mesmo.

O mito se aproxima da gênese bíblica, quando Eva e Adão são "expulsos" do paraíso, rompendo os laços que os ligavam ao Éden. Reflitamos que o cansaço de Oxalá com os desmandos dos homens é uma metáfora temporal. Passam-se os séculos e nossas dificuldades se repetem de encarnação a encarnação; continuamos pouco éticos, preponderando o mau caráter que ocasiona atitudes que deixam os Orixás fatigados conosco. Isso significa que existem dimensões vibratórias onde vivem espíritos em estado de bem-aventurança e não temos passaporte cósmico para entrar.

Ao contrário do que se popularizou no Brasil, esta narrativa mítica faz parte da tradição e do corpo literário da religião dos Orixás, o que em nossa opinião "desautoriza" certos autores a criarem Orixás "novos" ou inventarem atributos inexistentes aos mesmos e ainda afirmarem ser revelação de mistérios divinos.

Omulu não tem relação direta com a morte, como se fosse seu porta-voz. Este Orixá não faz os desligamentos, não é ele nem seus enviados que cortam o cordão de prata que une o corpo astral ao físico. Quem faz isso é Icu e os espíritos técnicos especializados. Nas "umbandas", Omulu virou o "rei do cemitério", a ponto de certa escola esotérica preconizar ser ele ligado à magia negativa (criaram até "Orixá" novo para os pretos velhos trabalharem negando Omulu), para prejudicar as pessoas com despachos e ritos em lápides e sepulcros, o que infelizmente acontece, por ignorância e estímulo de certas lideranças que, para demonstrar poder e impressionar os incautos, "desonram" o grande Orixá de cura, nosso pai Omulu. É impensável para um nagô colocar sua cabeça num cemitério e ainda receber espíritos no local. Não concordamos com ritos que se dizem "umbandistas" e são realizados na morada dos mortos na terra, pois não têm fundamento algum. Todavia, respeitamos a todos os irmãos e terreiros, pois a verdade não nos pertence e não temos o direito de julgar seja quem for.

Quando retornamos à matéria, inexoravelmente ficamos igualados, pelo simples fato de que um dia iremos morrer; ricos e pobres, negros e brancos, doutores e analfabetos, belos ou feios, gordos ou magros, altos ou baixos, religiosos ou ateus, crentes ou descrentes, indistintamente a ninguém é dado saber o tempo disponível no relógio de areia da vida humana.

Enquanto não despertarmos em nós valores morais e de caráter que perenizem condutas dignas em conformidade aos Ancestrais Ilustres, enviados dos Orixás e de Aruanda, continuaremos retidos nas masmorras dos vícios de comportamento, aprisionados nos ciclos humanos de existência carnal e passageira, repletos de nossos próprios desregramentos sociais, ecológicos, políticos, econômicos e fratricidas, que nos mantêm expostos aos mais diversos sofrimentos, doenças e mazelas. Ou seja, morreremos, nasceremos, morreremos, nasceremos, até termos domado nossa rebeldia e sermos educados o suficiente para ganhar nossa carta de alforria.

Iansã recolhe o último sopro, o encaminhamento do espírito (egum)

Iansã – Oyá Rainha e mãe dos eguns – é considerada o Orixá encarregado de levar os mortos para o Orum

Odulecê, chefe de uma linhagem de ilustres caçadores e Pai ancestral de todos os caçadores (Odé), era casado com Oxum e tomou uma criança para criar. Esta criança, esperta e alegre, tornou-se a preferida de seu pai adotivo e recebeu o nome de Iansã. A criança cresceu e tornou-se uma bela jovem que aprendeu com seus pais as artes da caça e os mistérios da magia.

Um dia, velho e alquebrado, Odulecê é levado pela morte. Iansã, entristecida, resolve fazer uma homenagem ao pai. Para tanto, reuniu os pertences de caça de Odulecê e os enrolou em um pano por ela bordado. Preparou suas comidas prediletas e convidou todos os chefes caçadores para a cerimônia fúnebre.

Cantando e dançando, durante sete dias, carregou na cabeça o "carrego" com os pertences de caça do pai. Sua voz foi levada aos quatro cantos do mundo pelo vento, seu elemento mágico, e de todos os lugares se apresentaram multidões de caçadores. Ao fim da sétima noite, Iansã, acompanhada por todos os caçadores, foi depositar o "carrego" ao pé de uma árvore sagrada, na mata. O pássaro Agbe, de penas azuis brilhantes, deixou o galho da árvore voando para o firmamento.

Olorum, emocionado, concede a Iansã o poder de transportar os recém mortos para a outra vida, os espíritos, do Aiyê para o Orum, transformando Odulecê em um Orixá e Iansã na mãe dos espaços sagrados.

Desta forma estava criado o Ajeje – vigília do caçador (chamado no Brasil de Axexê), ritual fúnebre dentro da religião dos Orixás.

Notas: Axexê é cerimônia realizada após o ritual fúnebre (enterro) de uma pessoa iniciada na religião nagô e nas afrodescendentes da diáspora. Tudo começa com a morte do iniciado, chamado de última obrigação. Este ritual é especial, particular e complexo, pois possibilita desfazer o que foi feito na iniciação. É bem semelhante ao processo iniciático chamado de sacralização, só que agora este procedimento é uma inversão conhecida como dessacralização, no sentido de liberação do Orixá protetor do corpo da pessoa. Não é utilizado na Umbanda.

O termo egum é muito abrangente, pode ser desde um espírito considerado de luz, até de um parente recém desencarnado ou não. Egum é uma palavra de origem iorubá usada nas religiões afrodescendentes da diáspora e numa parcela expressiva da Umbanda, e significa alma ou espírito de qualquer pessoa falecida iniciada ou não. Popularmente consagrou-se na Umbanda como quiumba, quando um espírito qualquer é um obsessor, geralmente uma entidade maléfica. Não devemos confundir egum com quiumba – são duas classificações diferentes.

Todos que são praticantes do mediunismo na Umbanda sabem da relação de Iansã com os espíritos dos recém desencarnados. Os rituais de passagem que marcam a integração entre a vida e a morte vão muito além da aplicação ritualística quando tratamos deste Orixá. Acontece que a maior parte do trabalho e manifestação dos falangeiros de Iansã se dá no Plano Espiritual e não através das incorporações em seus médiuns. Na Umbanda, não é comum os passes e aconselhamentos espirituais com entidades ditas "Iansãs". Sua atuação é intensa do lado de lá, na contraparte metafísica. Podemos concluir que o foco é o desencarnado e não o encarnado, embora ambos se beneficiem, pois, ao afastar-se um espírito obsessor atuante, cessa a repercussão vibratória negativa incidente no obsediado.

É Iansã quem "leva" como divindade dos "ventos" o último suspiro dos moribundos, devolvendo-o ao todo cósmico. Lembremos que nos foi insuflado o *emi – hálito ou sopro divino* – quando retornamos ao vaso carnal, simbolicamente assoprado no boneco de barro fabricado por Oxalá. Ou seja, no ápice do desencarne, logo após o rompimento do cordão de prata que "solta" o corpo astral do corpo físico, são os caravaneiros emissários de Iansã que zelam pelos espíritos dos recém mortos. Enquanto eles estiverem transitando pelo mundo terreno, material, tendo "morrido", mas ainda permanecendo entre os homens como se fossem de carne e osso, estarão sob a irradiação deste Orixá.

Muitos "mortos" poderão ficar retidos no "campo santo", a contraparte etéreo-astral dos cemitérios, decantando suas ideias mórbidas, como cupidez, ira, inveja, ressentimentos, desejo de vingança, sexolatria. Vibram-lhes no perispírito e, consequentemente, no corpo emocional as cristalizações mentais que os prendem aos assuntos da vida mundana, fazendo-os presos em espécies de conchas mentomagnéticas que eles mesmos criam e os fazem escravos de seus próprios pensamentos, impedidos de fazerem a travessia derradeira para o lado de lá.

Nos terreiros de Umbanda, durante e após as sessões públicas de caridade, muitos "encostos" literalmente desencarnados, que se encostam aos encarnados, espíritos sofredores que se tornam obsessores sem a intenção premeditada de prejudicar, são retirados do ambiente físico. Acabam "retidos" e não podem mais perambular pela superfície terrena junto às humanas criaturas, grudados nas auras dos vivos, sugando-lhes as forças vitais. Também não poderão ficar no terreiro, sendo deslocados para estações transitórias subjacentes ao plano físico. Cada um terá uma avaliação particularizada, enquanto aguardam o melhoramento do "peso" de seus corpos astrais, que permitirá a "viagem" para colônias espirituais com hospitais e alas de refazimento.

Há uma parcela de "mortos" que irá para os charcos umbralinos em processo de purificação retificadora. Nessas localidades, o fogo purificador, sob a égide de Iansã, transmuta os fluidos deletérios, cauteriza as chagas e realiza assepsia nos corpos astrais pútridos, enfim, um cenário típico do *Inferno* de Dante Alighieri. A importância do fogo astralino como método civilizador educativo de espíritos rebeldes frente à Lei Divina é inquestionável e é evidente a ação magística do Orixá Iansã.

O instrumento ritual de Iansã é o iruexim, um tipo de "espanador" feito de pelos de rabo de cavalo, correspondendo ao coletivo, à multidão de "mortos" habitantes da psicosfera terrícola. Por isso, é dela o epíteto de Senhora ou Mãe dos eguns, tendo a outorga divina de os manter em esfera vibratória adequada para que se refaçam energeticamente.

Iansã é Orixá decantador por excelência, purificador da natureza. Tanto que diz um aforismo popular: "após a tempestade, vem a calmaria".

Que nosso último suspiro tenha o beneplácito da portentosa Senhora dos Ventos, para que não fiquemos perdidos perambulando pela crosta, imantados nas coisas transitórias que ficaram para trás. Diz-nos sempre um preto velho amigo: "Meus filhos, nem os dentes que vocês carregam na boca são de fato seus". Tudo da matéria retornará à mãe Natureza. Quanta ilusão com escrituras, registros, heranças, partilhas e termos de posse. Nada, nada lhes pertence de fato, tudo é provisoriamente concedido por empréstimo divino.

Afinal, o que levaremos para o lado de lá?

Nanã, a mãe das mães, o acolhimento do desencarnado em seus "braços" e a travessia final

O princípio e o fim – a senhora do portal da vida e da morte

Nanã, o ventre-mãe de todas as gerações, determinou, em caráter irrevogável, que nenhuma pessoa do sexo masculino teria acesso ao Mundo dos Mortos.

Oxalufã, o grande Orixá Funfun, inconformado com a decisão de Nanã, não somente por ser seu esposo, mas também pela sua condição diante dos demais Orixás, resolveu contornar a situação, colocando-se a seu favor.

Oxalufã tinha ciência de que, ao transpor o portal da vida e da morte, correria o risco de ficar retido ali, mas, mesmo assim, seguiu Nanã sorrateiramente quando ela se dirigiu ao Mundo dos Mortos, aproveitando-se do descuido do portal aberto.

Sem que Nanã percebesse, Oxalufã observou todos os seus atos e procedimentos junto aos mortos, nada lhe passou despercebido, a tudo ficou atento: a entrega das folhas, as cabaças, o instrumento que os invocava, enfim, toda a liturgia e ritual da vida, da morte. No entanto, o que mais lhe chamou a atenção foram os cânticos, uma vez que Nanã, ao invés de entoá-los, murmurava-os.

Após a realização de todos os rituais, Nanã voltou sem perceber que havia sido seguida por Oxalufã. Este, pensativo, engendrou um plano para entrar no Mundo dos Mortos e conseguir para si os mesmos poderes de Nanã. Antes de retornar, para executar seu plano, entrou escondido nos aposentos de Nanã, apoderou-se de seu cetro e de sua coroa, colocando-a imediatamente na cabeça e em seguida cobrindo-se totalmente com o manto preto e outro feito de palha da costa trançada em forma de rede, vestimenta essa que servia Nanã quando participava do ritual da vida e da morte. Após isso, seguiu rumo à outra dimensão.

Totalmente disfarçado com as vestes de Nanã, Babá Oxalufã chegou ao Mundo dos Mortos, tratando logo de executar seu ardiloso plano, procedendo da mesma maneira que Nanã. Entretanto, com apenas uma exceção, ao invés de murmurar com os mortos, Oxalufã falou-lhes: "A partir de hoje, vocês obedecerão também ao meu esposo Oxalufã. Os desejos e as determinações dele deverão ser cumpridos. Sempre que ele fizer algum pedido, vocês deverão atendê-lo".

Enquanto Oxalufã executava seu astucioso plano no Mundo dos Mortos, do outro lado da dimensão, Atioró, o pássaro sagrado que fica ostentado sobre o cajado de Nanã, não cessava de gritar, indo e voltando ao Mundo dos Mortos.

Nanã, ao perceber que algo de anormal estava acontecendo no reino dos Mortos, seguiu imediatamente para o local, chegando justamente no momento em que Oxalufã terminava seu habilidoso plano. Nanã tentou de todas as maneiras desfazer a trama de Oxalufã, mas todos os seus esforços foram inúteis, os eguns não reconheceram sua voz, pois ela não falava normalmente com eles antes, apenas murmurava.

Irada com o procedimento do esposo, Nanã pronunciou-se: "Não tenho como desfazer sua trama, serei obrigada a compartilhar contigo o segredo da morte, portanto, a partir de hoje, serás aquele que tocará o cajado por três vezes consecutivas sobre a terra, prenunciando o fim de um ciclo, isto é, a morte de um ser humano".

Este mito é profundo. O enredo elaborado pelos antigos babalaôs explica, de maneira simples, assuntos complexos e até de certa maneira ainda tabus para a grande massa de humanas criaturas, ansiosas e sem tempo para se dedicarem a temas espirituais, especialmente no que tange à morte. Hoje vivemos numa sociedade em que as pessoas se comportam como se fossem imortais, quase todos se consideram especiais e adotam um estilo de vida profundamente individualista.

Nanã é considerada Orixá primordial, vinculada às origens da Terra e dos homens. Ela e Oxalá (Oxalufã) são as divindades mais velhas do panteão cosmogônico nagô. Não por acaso, as pretas velhas que se apresentam como venerandas "vovós" nos terreiros umbandistas se manifestam símiles, no movimento corporal de suas manifestações nos médiuns, às religiões afrodescendentes da diáspora. O inconsciente profundo que "mora" em cada ser, quando despertado e exteriorizado como transe, não se prende a rótulos religiosos, comprovando nossa ancestralidade verdadeira e não o que aparentamos pressionados pelas convenções do momento.

É importante esclarecermos que toda a mitologia iorubana é permeada de histórias de conflitos entre homens e mulheres, em ferrenhas disputas pelo poder. As comunidades eram patriarcais e os sacerdotes do topo da hierarquia religiosa – os babalaôs – eram varões, todos do sexo masculino. Então, nada mais natural que os Orixás, as personagens que servem de modelos míticos, sejam espelho disso, pois este sempre foi o método pedagógico entre os iorubanos, preponderantemente oral.

Até os dias de hoje, o sexo feminino é "submisso" a estereótipos machistas de comportamento. Ao correr dos milênios dos registros históricos das religiões, notadamente com o crescimento do catolicismo, consolida-se uma perseguição aos cultos e seitas que prestigiavam o sagrado feminino, estigmatizando-se suas sacerdotisas como feiticeiras, bruxas e, portanto, hereges condenadas às fogueiras da inquisição.

Nanã é o "ventre-mãe" de todas as gerações, pois forneceu o barro primevo para Oxalá "fabricar" os corpos humanos. O processo de travessia da dimensão material para o plano espiritual, a viagem final que nos levará a aportar do lado de lá, como se atravessássemos um rio de lado a lado, é regido por este Orixá. O desencarnado somente "desocupa" a crosta terrena, deixando de estar morto, igual andarilho entre vivos encarnados, quando o portal de Nanã, que dá passagem à nova morada, é aberto.

A cabaça tem muito simbolismo. O útero tem seu formato e é aos pés de nossos ancestrais ilustres, mestres cármicos, que recebemos a "cabaça" da existência, onde é colocado dentro tudo que vivenciaremos na matéria orgânica, significando a elaboração de nosso plano reencarnatório.

O pássaro sagrado sobre o cajado de Nanã, que vai e volta do Mundo dos Mortos, faz o intercâmbio entre o que está no alto e o que se encontra embaixo; o céu e a terra, o Plano Espiritual e a terra, o abstrato e o concreto, o metafísico e o físico, símbolo de poder do Orixá. Lembremo-nos de Jesus que, ungido por João Batista à beira do rio Jordão, teve a pomba branca a voar por cima de sua cabeça, sinalizando a outorga divina que recebia para falar e curar em nome do Criador, entre os homens.

Nanã é Orixá de fundamento e de muita força magística. Seu sítio vibracional etéreo-astral junto à natureza decompõe energias pesadas, densas e altamente deletérias. É indispensável ao final das sessões de caridade de Umbanda, quando se realizam intensas descargas fluídicas. Ainda por ser o "ventre-mãe" de todas as gerações, é a senhora detentora do poder de realização genitor feminino. No aspecto essencialmente magístico, engloba os estágios de concepção, gestação e nascimento, "fracionados" entre Oxum e Iemanjá, sendo que, em maior amplitude hierárquica e força de realização, responde Nanã acima dessas outras Iabás – mães ancestrais. Sendo assim, Nanã é a "mãe" de todas as feiticeiras, pois detém o poder máximo de força genitora feminina. Inclusive as Bombogiras, Exus mulheres, têm-na sob o influxo direcionador de seus axés – fluidos magnéticos –, todas as entidades respondendo-lhe direta ou indiretamente, por ser o mais alto grau hierárquico volitivo dos Orixás, responsável pela concretização dos trabalhos de magia que realizam.

Quando desencarnamos, se estivermos em paz, justos e perfeitos pelas ações que realizamos em cumprimento ao nosso plano reencarnatório, aceito antes de voltarmos à carne, a Lei Divina nos contemplará com a "boa morte". Entraremos suavemente numa espécie de torpor, um sono profundo e reparador. Para os espíritos do lado de lá, que nos acolherão nos braços, conduzindo-nos como dadivosas avós durante a travessia derradeira, é como se fôssemos recém-nascidos saindo do berçário.

Tenhamos o merecimento conquistado de sermos "absorvidos" pelo ibiri de Nanã, embalados em seus braços e levados no colo, assim como as vovós fazem com seus netinhos, até que acordemos na verdadeira morada, a pátria espiritual.

CAPÍTULO 10

E O CRIADOR NOS DEU A NATUREZA

Ossaim recusa-se a cortar as ervas miraculosas

Ossaim era o nome de um escravo que foi vendido a Orunmilá. Um dia ele foi à Floresta e lá conheceu Aroni, que sabia tudo sobre as plantas. Aroni, o gnomo de uma perna só, ficou amigo de Ossaim e ensinou-lhe todos os segredos das ervas e folhas. Um dia, Orunmilá, com desejo de fazer uma grande plantação, ordenou a Ossaim que roçasse o mato de suas Terras. Diante de uma planta que curava dores, Ossaim exclamava: "Esta não pode ser cortada, é a erva que cura as dores". Diante de uma planta que curava hemorragias, dizia: "Esta estanca o sangue, não deve ser cortada". Em frente a uma planta que curava a febre, dizia: "Esta também não, porque refresca o corpo". E assim por diante.

Orunmilá, que era um babalaô muito procurado por doentes, interessou-se então pelo poder curativo das plantas, ervas e folhas, e ordenou que Ossaim ficasse junto dele e aprendesse os segredos e magias para a cura dos doentes. Assim, Ossaim aprendeu todas as magias e encantamentos de todas as plantas, ervas e folhas, e tornou-se o Grande Mago Feiticeiro e Senhor dos Segredos da Natureza.

Orunmilá é o maior dos babalaôs na mitologia iorubana, o grande "Pai dos Segredos" e Senhor dos Destinos dos homens. É a divindade que sabe o nosso plano de vida e seus desígnios em conformidade ao planejamento reencarnatório. Ele nos orienta, através dos vaticínios de Ifá, como mantermo-nos equilibrados com nosso Eu Interior (Ori). Esotericamente, é o "olho que tudo vê", tendo registrados em si todos os acontecimentos da humanidade, coletivos e individuais.

Sempre que nos equivocamos adotando atitudes em desacordo com a Lei Divina e com o nosso destino, obviamente sem o apelo do determinismo imutável, nos desequilibramos, entrando em faixa negativa de sintonia com o Universo, havendo uma "quebra" de fluxo energético através dos chacras, consequência de nossos pensamentos e emoções desalinhados. Nessas ocasiões advêm as doenças, desestabilizando nosso microcosmo orgânico.

Doentes estamos todos nós, seres encarnados. Em contrário, estaríamos ocupando corpos menos frágeis. Deus, em sua infinita misericórdia, criou e ofertou à humanidade toda a natureza pujante, não só para alimentá-la, bem como a todos os animais. Ao homem, especificamente, presenteou-o com as plantas, ervas e folhas, detentoras do poder curativo das enfermidades. O Grande Arquiteto do Universo planejou cada ser vivo do reino vegetal, insuflando em cada um a vibração propiciatória à materialização de certos princípios fitoquímicos, que servem para nos auxiliar, oportunizando não só os processos terapêuticos curativos, mas também os preventivos contra as moléstias.

Ossaim é o Orixá detentor dos "segredos" de encantamento e dinamização etérea das folhas; o que antigamente era considerado feitiço, hoje faz parte da medicina, como a homeopatia. É aquele que domina o ritual, liberando e expandindo o "axé" das folhas, pois sem folha não há Orixá (Kosi ewe, kosi Orixá) e sassanhe é o cantar para Ossaim ou cantar para as folhas. Os cânticos, as ladainhas e os textos cantados – hinários – são empregados para a transmissão de conhecimentos, o que requer uma adequada interpretação, e também são fixadores vibratórios entre os dois planos de vida: o dos espíritos e o dos encarnados. Agem com grande propriedade quando associados aos atabaques, como potentes indutores do transe mediúnico.

Objetivamente, podemos afirmar que os pontos cantados são instrumentos litúrgicos e verdadeiras imprecações mágicas – encantamentos – que potencializam o prana vegetal (axé verde) contido nas folhas, alteram nossas ondas mentais e facilitam a sintonia com os espíritos guias da Umbanda que movimentam esses fluidos em conformidade aos objetivos magísticos dos trabalhos.

Infelizmente, estamos cada vez mais sem natureza para plantar ou colher as folhas. Não se deve entrar em um local de natureza virginal sem antes pedir licença e presenteá-la com amor. A natureza, antes de tudo, é um "deus vivo" e totalmente independente do homem, é uma Criação Divina que se sustenta sem a ação humana, que infelizmente não a preserva, apenas a destrói. Não se entra em mata, vale, montanha, cachoeira, rios, lagos e mares em vão. Não se acende vela, não se oferenda nada que não seja natural, não se deixa elementos que poluam, garrafas, plásticos, latas... não se usa vasilha que não seja de folhas, não se destrói, não se suja, não se maltrata. Assim nos ensina a cultura aborígene iorubá, base da religiosidade com os Orixás que veio de África para o Brasil.

Ossaim, Senhor e Mago das Plantas e Folhas, distribui seus saberes e poderes

Ossaim dá uma folha para cada Orixá

Ossaim, filho de Nanã e irmão de Oxumarê, Euá e Obaluaiê, era o senhor das folhas, da ciência e das ervas, o Orixá que conhecia o segredo da cura e o mistério da vida. Todos os Orixás recorriam a Ossaim para curar qualquer moléstia, qualquer mal do corpo. Todos dependiam de Ossaim na luta contra a doença. Todos iam à casa de Ossaim para oferecer seus sacrifícios. Em troca, Ossaim lhes dava preparados mágicos: banhos, chás, infusões, pomadas, abô, beberagens.

Curava as dores, as feridas, os sangramentos; as disenterias, os inchaços e as fraturas; curava as pestes, as febres, os órgãos corrompidos; limpava a pele purulenta e o sangue pisado; livrava o corpo de todos os males.

Um dia, Xangô, que era o deus da justiça, julgou que todos os Orixás deveriam compartilhar o poder de Ossaim, conhecendo o segredo das ervas e o dom da cura. Xangô sentenciou que Ossaim dividisse suas folhas com os outros Orixás. Mas Ossaim negou-se a dividir suas folhas. Xangô, então, ordenou que Iansã soltasse o vento e trouxesse ao seu palácio todas as folhas das matas de Ossaim para que fossem distribuídas aos Orixás. Iansã fez o que Xangô determinara. Gerou um furacão que derrubou as folhas das plantas e as arrastou pelo ar em direção ao palácio de Xangô. Ossaim percebeu o que estava acontecendo e gritou: "Euê Uassá! As folhas funcionam!".

Ossaim ordenou às folhas que voltassem às suas matas e as folhas obedeceram às ordens de Ossaim. Quase todas as folhas retornaram para Ossaim. As que já estavam em poder de Xangô perderam o Axé, perderam o poder da cura.

O Orixá Rei, que era um Orixá justo, admitiu a vitória de Ossaim. Entendeu que o poder das folhas devia ser exclusivo de Ossaim e que assim devia permanecer através dos séculos. Ossaim, contudo, deu uma folha para cada Orixá, deu uma euê (Poder de Encantamento) para cada um deles. Cada folha com seus axés e efós, que são as cantigas de encantamento, sem as quais as folhas não funcionam.

Ossaim distribuiu as folhas aos Orixás para que eles não mais o invejassem. Eles também podiam realizar proezas com as ervas, mas os segredos mais profundos ele guardou para si. Ossaim não conta seus segredos para ninguém, Ossaim nem mesmo fala. Fala por ele seu criado Aroni. Os Orixás ficaram gratos a Ossaim e sempre o reverenciam quando usam as folhas.

O mito fala em ciência, o segredo da cura e o mistério da vida. Até hoje a humanidade tenta prolongar a existência nos corpos físicos, como se a vida deixasse de existir após a morte. Avançam a medicina, a química, a física, mas as respostas fundamentais aos questionamentos que inquietam os cientistas materialistas – de onde viemos e para onde vamos, findando nossa breve estada terrena – permanecem totalmente inacabadas.

Não existiria a medicina sem a natureza, assim como não existiriam os Orixás. Os princípios ativos vegetais e o poder de dinamizá-los magisticamente pertencem a Ossaim.

Na Umbanda, Oxossi "abarcou" grande parte dos atributos de Ossaim, sendo também o grande curador ligado às matas.

Obviamente, os usos e os costumes religiosos na Umbanda variam segundo a origem dos terreiros, onde seus dirigentes fundadores trazem uma bagagem iniciática própria em que vivenciaram seu aprendizado e formação sacerdotal mediúnica. Sem dúvida, foram anos de convivência em comunidade e muitos processos vivenciais catárticos com os guias espirituais para adquirirem conhecimentos sólidos sobre os Orixás, seus mitos, lendas, ritos, danças, cânticos, folhas.

O que faz o fluido vital das plantas, notadamente o contido nas folhas, que são o objeto de maior uso litúrgico nos terreiros, ser dinamizado numa espécie de expansão energética (explosão) e, a partir daí, adquirir um direcionamento, cumprindo uma ação esperada, são as palavras de encantamento, o verbo atuante associado à força mental e à vontade do médium – sacerdote oficiante do rito –, perfazendo assim uma encantação pronunciada.

Necessariamente, o princípio ativo fármaco da folha não será o mesmo da intenção mágica que realizou o encantamento, em seu correspondente corpo etéreo. Existem associações de mais de uma planta que acabam tendo efeito sinérgico, por sua vez diferente do uso individual das folhas, que compõem o "emplastro", banho ou batimento. A ligação mágica é feita de elos verbais cantados, a ação terapêutica medicinal associada à ação energética mágica esperada, combinação fluídica vibracional realizada na junção dos duplos etéreos das folhas e adequadamente potencializada pela ação dos Guias Astrais da Umbanda, havendo por fim uma ação coletiva; do sacerdote oficiante do rito, dos médiuns cantando e dos espíritos mentores.

Quanto aos batimentos, as ervas também são usadas na forma de ramas e galhos que são "batidos" nos consulentes, com o objetivo de desprender as cargas negativas e as larvas astrais que possam estar aderidas a estes. Quando feito pelos médiuns incorporados, geralmente com os caboclos (mas pode acontecer com outras linhas de trabalho, em conformidade à característica ritual de cada terreiro), o movimento em cruz na frente, nas costas, no lado direito e no lado esquerdo, associado aos cânticos, aos silvos e assobios através da magia do sopro e do som, que criam verdadeiros mantras etéreo-astrais, que são poderosos desagregadores de fluidos, consagram-se potentes campos de força curadores. As folhas, depois de usadas, devem ser partidas e despachadas junto a algum lugar de vibração da natureza virginal, de preferência direto no solo, sem acendermos velas, dispensando-se a necessidade de quaisquer elementos poluidores. No impedimento de assim se proceder, coisa comum nos centros urbanos onde se localiza a maioria dos templos de Umbanda, simplesmente deve-se recolher adequadamente as folhas para posteriormente descartá-las na coleta pública de lixo.

Na Umbanda, tudo acontece entre cantorias. Nada ocorre em silêncio e a palavra escrita não tem força magística. As palavras faladas na forma de pontos cantados são vocalizações mântricas, que têm alto impacto etéreo-astral quando pronunciadas em coletividade. Estas composições passadas pelas entidades, que são chamadas de pontos de raiz, requerem um conhecimento prévio de uma técnica de dicção que emprega expressões tradicionais, composta de esquemas indutores aos estados alterados de consciência, propiciatórios ao transe mediúnico, na forma de imagens mentais já estabelecidas no imaginário dos participantes, o que podemos chamar de registros de memórias ancestrais, arquivados no subconsciente profundo e que emergem rompendo momentaneamente o ego, prevalecendo muitas vezes um estado psíquico de *déjà vu*, uma sensação de já ter vivenciado aquilo antes, algo vivido em encarnações passadas, embora não lembrado conscientemente.

Os elementos melódicos empregados, as entonações e os ritmos propulsionam ondas eletromagnéticas no plano astral que, por sua vez, servem como verdadeiros campos de força de que os Guias Astralizados se utilizam para atuar.

Nesse processo de diferenciação de mantras cantados, em que os ingredientes ritualizados são de conhecimento e domínio de todos, raramente muda-se a tradição de ritualizar – a elaboração, o cuidado, "o tratamento", a maneira de lidar, o sentido impresso e invocado através das palavras de encantamento, cantigas e rezas – mas o objetivo final depende sempre de uma intenção, de uma vontade imposta, de um saber mágico, sempre associados à atuação das entidades astralizadas, os espíritos guias e falangeiros da Umbanda.

Diante do exposto até aqui, podemos concluir o quanto é difícil estabelecer uma linha de demarcação entre os conhecimentos científicos fitoterápicos e a prática mágica dos terreiros. As palavras recitadas, os cânticos elaborados, o ritual aplicado e os estados alterados de consciência, acompanhados de incorporações mediúnicas, estabelecem e criam encantamentos, que, estes sim, definem a ação esperada de cada uma das folhas que compõem, na associação de todas juntas, a receita de ação terapêutica etéreo-astral que terá repercussão espiritual e física no campo da saúde e do psiquismo dos atendidos.

Os trabalhos práticos de Umbanda são eminentemente de tradição oral, em verdade sendo os cânticos formas de orações com forte apelo de imprecações mágicas. É por meio dos pontos cantados que a base do raciocínio é construída dentro da dinâmica dos terreiros. Quase nada se faz só se lendo a palavra escrita, o que não a torna menos importante para registro do conhecimento e estudo posterior. Todavia, a prática litúrgica, ritualística e mediúnica de terreiro na Umbanda não dispensa os cânticos, que podem estar acompanhados ou não de instrumentos de percussão como os atabaques, já consagrados na maioria das casas umbandistas.

A precisão dos usos rituais mágicos, que ao leigo parecem desafiar o bom senso, tem como mantenedor a associação da força mental dos médiuns que, nos estados alterados de consciência, a popular incorporação, conseguem dar outras significações às receitas ditas mágicas e incompreendidas pelo olhar cético do racionalista científico.

A dinamização do duplo etéreo das folhas tem uma íntima ligação com a linguagem, com a palavra falada, que através do impulso da vibração do espírito "acoplado" no médium, no transe mediúnico, conseguem força suficiente para a alteração da coesão das moléculas das plantas. A partir daí, as mesmas adquirem uma plasticidade ou capacidade de moldagem etérea adequada, os Guias Astrais movimentam-nas em novas associações e composições sinérgicas com vários tipos de ectoplasma, utilizando-se inclusive dos elementais da natureza, advindo especificidades e indicações ainda desconhecidas dos homens materialistas. Mas é certo que tudo ocorre dentro da necessidade e da fisiologia oculta de cada atendido, na medida adequada a um processo de diagnose que somente os técnicos do lado de lá, velhos xamãs e quimbandeiros, feiticeiros curadores, podem realizar.

A maior parte do que as entidades "desmancham", ao final de uma sessão de caridade, precisa retornar para a natureza, para aí, sim, ser transformada de fato. Em verdade, existe um processo de recomposição e decantação vibracional, pois nada se perde, tudo se transforma quando manejamos energias. É fundamental à Magia de Umbanda a destreza no manejo energético para um terreiro ter a "força" do axé.

Umbanda tem fundamento. Para isso, é preciso não só praticar no terreiro, mas também estudar.

CONCLUSÃO

Tenho verificado que o pior preconceito é o velado, o dissimulado, aquele que não se mostra. Por dentro da Umbanda, sendo o que vivencio e posso falar, ainda existe, sim, muito preconceito. Há os que preconizam uma Umbanda pura (sic), e o esforço de busca desta pseudopureza doutrinária é proporcional à exclusão de tudo que remete à África. Verifiquemos que as inteligências intelectuais históricas da Umbanda criaram até Orixás "novos", foram buscar nos *Vedas* e nas escrituras hebraicas – cabala – referências para explicar as raízes do culto aos Orixás, desprezando a rica etnografia africana, sua mitologia, especificamente nagô iorubana, mesmo que, inegavelmente, sempre tenha estado presente na religião. Quem estuda os mitos percebe claramente o quanto os pontos cantados estão repletos de metáforas e ensinamentos míticos que foram mantidos oralmente, de boca a boca, durante séculos. Não esqueçamos que os cânticos de raiz, de fundamento, foram ditados pelas entidades, espíritos ligados à origem e ancestralidade africana.

Tivemos um marcante e histórico recorte etnográfico inicial com o trabalho de Nina Rodrigues, no início do século passado: o animismo fetichista dos negros baianos. Embora preconceituoso, este autor era médico e sofreu forte influência europeia, pois absorveu o conceito de superioridade de raça vigente no velho continente e decorrente do Iluminismo francês, ao qual, por sinal, o próprio Allan Kardec bebeu na fonte, tendo escrito um artigo a respeito, na revista espírita da qual era o editor: *A imperfectibilidade da raça negra*, que diz que os espíritos atrasados reencarnariam em corpos africanos e chineses – uma "mancada" pessoal de Allan Kardec que não foi abalizada pelos espíritos na codificação (não há uma citação a respeito) e, assim, não desmereceu sua importante obra. No entanto, é válida a pesquisa de campo de Nina Rodrigues, sendo o marco inicial do estudo antropológico das religiões africanas no Brasil.

No Brasil, conforme Nina Rodrigues em seu segundo estudo etnográfico – *Os africanos no Brasil* –, o culto foi "unificado" e centralizado num mesmo espaço sagrado, ou seja, os Orixás principais são cultuados num mesmo espaço e tempo, num mesmo rito, que é único por não existir igual em África. Todavia, a descentralização do poder, em que cada sacerdote é totalmente independente, causou um enfraquecimento ético e moral em muitos casos, especialmente logo após a abolição da escravatura, conforme este autor.

Houve uma prevalência da rica cosmogonia nagô iorubana e, quando falamos em Orixás, a Umbanda bebe inexoravelmente nesta fonte. Mesmo com todas as absorções e reinterpretações na diáspora africana no Brasil, o culto aos Orixás se mantém vivo e pujante em nossa pátria como em nenhuma outra no planeta. Há que se considerar que, originalmente, o culto aos Orixás era "fragmentado", cada cidade ou comunidade cultuava um Orixá. Havia um poder central organizador e disciplinador, uma confraria –

espécie de maçonaria – de babalaôs que ordenava e "fiscalizava" os aspectos éticos e morais do culto.

Acredito fielmente que na atualidade estejamos vivenciando um forte impulso de retomada ética e moral do culto aos Orixás no Brasil; independente de denominação religiosa e de diferenças rituais, observo um crescimento da ética – Sabedoria de Ifá – dos antigos babalaôs, o que robustece a religiosidade com os Orixás.

Sem dúvida, o Brasil é o maior país "africano" de culto aos Orixás, pois em terras africanas os muçulmanos e os católicos reduziram-no significativamente, num processo de aculturação e domínio catequista perverso.

Infelizmente, temos muito ainda a melhorar no tocante ao preconceito, pois sabemos que é muito forte ainda o ideal de raça superior, que está impregnado no imaginário coletivo, a ponto de idealizarmos raças extraterrestres evoluídas brancas, de cabelos loiros e olhos azuis.

Nunca me esquecerei da experiência vivida quando fundamos o terreiro, hoje denominado Grupo de Umbanda Triângulo da Fraternidade. No rito de firmeza e consagração do congá, após já o termos realizado para a tronqueira de Exu, entrei em transe e fui "sugado" para fora do corpo, literalmente vendo-me desdobrado na contraparte astral do templo. Vi-me no espaço sagrado em frente ao altar, nosso congá, mas num espaço maior, de chão batido. Abre-se, então, uma espécie de "porta" e vagarosamente, dançando, entram entidades africanas paramentadas como Orixás. Um a um: Ogum, Oxossi, Xangô, Omulu/Obaluaiê, Oxum, Iansã, Iemanjá... são os que eu lembro. Fazem uma roda e se posicionam frente a uma cadeira de espaldar alto, onde se encontra sentada Nanã, altiva e séria. Nunca me esquecerei da mensagem de Nanã, sobre a minha responsabilidade frente à comunidade que se formava, alertando-me de que, enquanto eu tivesse ética e buscasse o exercício do bom caráter, vivendo para a religião e não da religião, respeitando os valores morais que alicerçam o relacionamento sadio com as esferas espirituais, nunca abusando da inocência alheia e dos seus momentos de dor e fragilidade, que não seriam poucos, eles estariam conosco, a cúpula dos Orixás ali reunida se manteria.

Espero ter contribuído, com esta singela obra, para a reflexão sobre as raízes de origem do culto aos Orixás, independente de denominações religiosas. Fizemos interpretações particularizadas, tendo os mitos consagrados e popularmente de domínio público como referência, mas baseamo-nos fundamentalmente em nossa vivência por dentro da Umbanda e, especialmente, no convívio com as entidades africanas que nos assistem. Notadamente ao Senhor Ogum Sete Estradas, um espírito que se apresenta como nagô, registramos mais uma vez nosso profundo agradecimento.

Não tenho palavras que expressem o respeito e a gratidão pela nossa ancestralidade africana.

REFERÊNCIAS BIBLIOGRÁFICAS

_____, José. *Òrun Àiyé – o encontro de dois mundos.* 9° edição. Bertrand Brasil.

AUGRAS, Monique. *O Duplo e a Metamorfose – a identidade mítica em comunidades nagô.* Editora Vozes.

BENISTE, José. *Mitos Yorubás – o outro lado do conhecimento.* 7° edição. Bertrand Brasil.

_____, José. *Òrun Àiyé – o encontro de dois mundos.* 9° edição. Bertrand Brasil.

OXALÁ, Adilson de. *Igbadu – a cabaça da existência, mitos nagôs revelados.* 2° edição. Editora Pallas.

PRANDI, Reginaldo. *Mitologia dos Orixás.* Companhia das Letras.

SANTOS, Juana Elbein dos. *Os Nagô e a Morte.* 11° edição. Editora Vozes.

VERGER, Pierre Fatumbi. *Orixás.* 6° edição. Editora Corrupio.

Conheça outras obras de Norberto Peixoto...

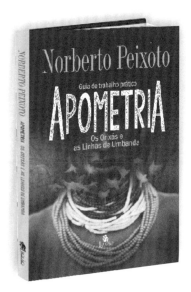

APOMETRIA – Os Orixás e as Linhas de Umbanda
16x23 / 168 págs. / ISBN: 978-85-5527-022-2

Apometria é uma técnica terapêutica disponibilizada pelo plano espiritual para atendimento fraterno. Ela respeita e convive em perfeita sintonia com todas as religiões que se orientam na prática do amor e do bem. A experiência de Norberto Peixoto como médium sacerdote e dirigente de trabalho desobsessivo apométrico deu origem a esta obra indispensável e esclarecedora para todo trabalhador e pesquisador espiritualista. É um guia prático que pode ser aplicado em qualquer agrupamento, desde que seja universalista e aberto à manifestação mediúnica dos Falangeiros de Aruanda. Mesmo abordando conteúdos complexos, como a metodologia de trabalho, a mediunidade e a obsessão com o uso de tecnologia extrafísica, o desdobramento espiritual induzido, a nefasta síndrome dos aparelhos parasitas, as ressonâncias de vidas passadas, a invocação das linhas dos Orixás na dinâmica dos atendimentos, a magia negativa e outros temas do Universo da Umbanda, a maneira didática e a linguagem simples do autor os tornam acessíveis e de fácil entendimento.

Encantos de Umbanda: os fundamentos básicos do esoterismo umbandista

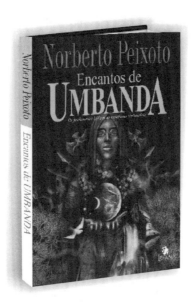

16x23cm | 168 págs. | ISBN: 978-85-5527-027-7

É um guia de estudos que registra os fundamentos básicos, esotéricos, teológicos e rito-litúrgicos da Umbanda. Buscando a universalização do saber, sem pretensão de codificação, é composto por uma série de conhecimentos que abordam temas pouco esclarecidos e vivenciados no mediunismo de terreiro, como a suposta ambiguidade de Exu, a serventia das encruzilhadas, os encantamentos das folhas e os fundamentos da fitoterapia astral, a magia de pemba – do sopro e das fumaçadas, o que é um Cruzeiro das Almas, o que são os Caboclos Bugres, o culto a Ori (cabeça) e aos Orixás, os endereços e assentamentos vibratórios, as palavras sagradas e o poder do verbo – a magia do som, culminando com relatos de casos verídicos, tecendo uma firme e didática "conversa" com o leitor, esclarecendo nuanças pouco entendidas dentro dos terreiros umbandistas. Encantos de Umbanda discorre ainda sobre a lógica da convergência e pensamento de síntese preponderante no movimento umbandista, trazendo a lume os preconceitos e rótulos religiosos equivocados, que rodeiam a periferia do "núcleo duro" da Divina Luz nas terras do Cruzeiro Divino. Sem dúvida, leitura indispensável que deve estar na estante de todo adepto da fraternidade universal.

EXU - O Poder Organizador do Caos

16x23 / 168 págs. / R$ 37,00 / ISBN: 978-85-5527-023-9

A BesouroBox traz para você mais um lançamento da série Legião, Exu - O Poder Organizador do Caos. Durante o processo de inserção ocorrido na diáspora africana (nagô) no Brasil, o papel fundamental de ordenador de todo o sistema cósmico de Exu se transformou, no imaginário popular, em uma figura satânica. Ele é o único do panteão de orixás que não foi sincretizado com nenhum santo do catolicismo, numa intencional demonização conduzida pela religião oficial dominante na época e não pelos africanos, ao contrário do senso comum que se estabeleceu. Afinal, quem é Exu? No livro, Norberto Peixoto analisa com profundidade todo o universo de Exu no contexto da Umbanda e, além disso, traz um guia de estudos para que possamos compreender melhor nossos caminhos evolutivos, superando em nós a cruz e as encruzilhadas da existência humana, necessárias à inexorável expansão da consciência como espíritos imortais.

www.legiaopublicacoes.com.br